María Elena Flores

Infancias judicializadas

María Elena Flores

Infancias judicializadas

Itinerarios de niños bajo tutela judicial

PUBLICACIONES UNIVERSITARIAS ARGENTINAS

Impresión
Informacion bibliografica publicada por Deutsche Nationalbibliothek: La Deutsche Nationalbibliothek enumera esa publicacion en Deutsche Nationalbibliografie; datos bibliograficos detallados estan disponibles en Internet en http://dnb.d-nb.de.
Los demás nombres de marcas y nombres de productos mencionados en este libro están sujetos a la marca registrada o la protección de patentes y son marcas comerciales o marcas comerciales registradas de sus respectivos propietarios. El uso de nombres de marcas, nombres de productos, nombres comunes, nombres comerciales, descripciones de productos, etc incluso sin una marca particular en estos publicaciones, de ninguna manera debe interpretarse en el sentido de que estos nombres pueden ser considerados ilimitados en materia de marcas y legislación de protección de marcas, y por lo tanto ser utilizados por cualquier persona.

Imagen de portada: www.ingimage.com

Editor: PUBLICACIONES UNIVERSITARIAS ARGENTINAS es una marca comercial de
Südwestdeutscher Verlag für Hochschulschriften GmbH & Co. KG
Heinrich-Böcking-Str. 6-8, 66121 Saarbrücken, Alemania
Teléfono +49 681 3720-271-1, Fax +49 681 3720-271-0
Correo Electronico: info@svh-verlag.de

Publicado en Alemania
Schaltungsdienst Lange o.H.G., Berlin, Books on Demand GmbH, Norderstedt,
Reha GmbH, Saarbrücken, Amazon Distribution GmbH, Leipzig
ISBN: 978-3-8454-6020-8

Imprint (only for USA, GB)
Bibliographic information published by the Deutsche Nationalbibliothek: The Deutsche Nationalbibliothek lists this publication in the Deutsche Nationalbibliografie; detailed bibliographic data are available in the Internet at http://dnb.d-nb.de.
Any brand names and product names mentioned in this book are subject to trademark, brand or patent protection and are trademarks or registered trademarks of their respective holders. The use of brand names, product names, common names, trade names, product descriptions etc. even without a particular marking in this works is in no way to be construed to mean that such names may be regarded as unrestricted in respect of trademark and brand protection legislation and could thus be used by anyone.

Cover image: www.ingimage.com

Publisher: PUBLICACIONES UNIVERSITARIAS ARGENTINAS
is an imprint of the publishing house
Südwestdeutscher Verlag für Hochschulschriften GmbH & Co. KG
Heinrich-Böcking-Str. 6-8, 66121 Saarbrücken, Germany
Phone +49 681 3720-271-1, Fax +49 681 3720-271-0
Email: info@svh-verlag.de

Printed in the U.S.A.
Printed in the U.K. by (see last page)
ISBN: 978-3-8454-6020-8

INFANCIAS JUDICIALIZADAS

Itinerarios de niños bajo tutela judicial

INFANCIAS JUDICIALIZADAS

Itinerarios de niños bajo tutela judicial

Investigación:
Infancias Judicializadas:
Itinerarios y Circuitos de niños y niñas bajo tutela judicial. Entre el Derecho, la vulnerabilidad y la inclusión social.
Villa María 2000-2004.

Director:

Mgter. María Elena Flores.

Co - director:

Mgter. Eduardo Marzolla.

Equipo de Investigación:

Lic. Graciela Valle, Lic. Renata Chiavenato,
Lic. Cristina Mellano, Lic. Hercilia Brusasca.

Alumnas:

Rosa Pellizari, M. Noelia Coniglio,
Celeste Salinas.

ÍNDICE

Agradecimientos

Este proyecto contó con el apoyo económico de la secretaria de Investigación de la Universidad Nacional de Villa María lo que ha permitido iniciar una línea de investigación vinculada a las infancias que se continúa y sostiene desde dicho organismo.

También agradecer a los todos los que aportaron con ideas, trabajo y sugerencias al desarrollo del trabajo de campo, siendo un trabajo pionero sobre la niñez bajo sistema judicial en Villa María.

Se debe señalar el apoyo, interés y accesibilidad brindadas por la funcionaria judicial a cargo del área de menores de la ciudad de Villa María y su equipo técnico-administrativo, mostrando como la articulación Universidad-Estado se puede materializar en la concreción de propuestas que tiendan a la aplicación de conocimientos en pos de mejorar la igualdad, y los procesos de ciudadanía de muchos niños y niñas.

Introducción

El presente trabajo trata de dar cuenta de los avances efectuados en el marco del proyecto de investigación: Infancias Judicializadas: Itinerarios y circuitos de niños y niñas bajo tutela judicial. Entre el derecho, la vulnerabilidad y la inclusión social. Villa María, provincia de Córdoba, 2000 - 2004, aprobado y financiado por el Instituto de Investigación de la Universidad Nacional de Villa María, para el período 2008-2009.

Dicho proyecto intentó describir el proceso de circulación de niños y niñas en el sistema judicial y buscó mostrar los recorridos de niños y niñas que por distintas circunstancias quedaron bajo tutela judicial en la jurisdicción de la ciudad de Villa María.

Cuando interviene un tribunal de menores, se inicia una causa judicial, donde constarán sucesivas intervenciones, fijando antecedentes en un legajo o expediente de menores. Este acto jurídico-administrativo conlleva el ingreso del niño al sistema tutelar, y la filiación a una "causa judicial", que implica que inicia una diferencia con otras crianzas: la identidad de ese sujeto pasa a ser pública. ¿Qué improntas propias del sistema jurídico y de su discurso pueden marcarse en una causa judicial y qué aspectos de la genealogía familiar aparecen a modo de laberintos y demarcación de lo social?

- ¿En qué idea de niño/niña, se fundan la teoría y práctica judicial? ¿De qué se habla cuando se habla de niñez, de infancia?
- ¿Qué itinerarios marcan el recorrido de niños y niñas judicializados en la ciudad de Villa María?
- ¿Cuáles son los circuitos de ser niño/niña bajo tutela judicial?
- ¿Qué dispositivos de asistencia social desde el Estado se distinguen en torno a la niñez tutelada en la ciudad de Villa María en el período comprendido entre 2000-2004?
- ¿Qué prácticas de control social hacia las familias pueden distinguirse desde disciplinas sociales como la asistencia social?

La investigación se propuso analizar los dispositivos de asistencia implementados desde el Estado hacia la familia y la niñez y las cosmovisiones y representaciones sobre niñez, niño, pobres, pobreza, familia, que manifiestan los profesionales (trabajadores sociales, médicos, abogados) intervinientes en la situación de judicialización de un niño/niña.

También se planteó describir las particularidades que adoptan esos dispositivos de asistencia desde las prácticas profesionales y sociales hacia la familia y la niñez desamparada, particularmente la del trabajador social, en la sociedad villamariense en el período bajo estudio.

Diseño Metodológico

En cuanto al diseño metodológico, la investigación se planteó desde un enfoque cualitativo, por cuanto el énfasis esta puesto en la descripción de un aspecto micro de la vida social, y en la comprensión interpretativa del fenómeno de la niñez en situación de desamparo.

El trabajo de investigación se ubicó en el denominado método biográfico, utilizando como técnica básica de registro, la observación de fuentes documentales de una organización judicial (juzgado de menores), de expedientes de niños ingresados al sistema judicial, combinando documentos éditos e inéditos, estos últimos existentes en un repositorio público.

El diseño estuvo basado en el estudio de fuentes documentales. Se buscó realizar un diseño de triangulación combinada de observación de documentación, con estudio de casos biográficos y estrategias de contextualización.

Entendiendo que las *estrategias de contextualización* nos permiten comprender la información obtenida del trabajo de campo, en el contexto usando varios métodos para identificar la relación entre diferentes elementos del texto, entre ellos, estudios de caso, análisis de discurso, análisis narrativo y microanálisis etnográfico. Lo que todas estas estrategias tienen en común es que no se centran en relaciones de semejanza que pueden ser usadas para clasificar la información dentro de ciertas categorías, sino buscan relaciones que conecten relatos y eventos dentro de un contexto, en un todo coherente.

El enfoque a utilizar privilegió la información observacional, poco estructurada, recogida con pautas flexibles, que buscó mediante la información que se releva, captar la definición de la situación que efectúa el propio actor y el significado que ésta da a su conducta, los cuales son claves para interpretar los hechos.

Una característica crucial de este tipo de estudios es la necesidad de captar procesos y, por lo tanto, estar atento al desarrollo en el tiempo de los fenómenos estudiados, las condiciones en que fueron tomadas las decisiones relevantes, los actores sociales que las tomaron y cuales fueron sus consecuencias.

El universo de análisis lo constituyeron los expedientes que involucran a menores ingresados al sistema prevencional, cuyas causas se encuentran cerradas. Se trabajó con los expedientes comprendidos en el período 2000 – 2004 de la Secretaría de Prevención del Juzgado de Menores.

Se definió como unidad de análisis a los expedientes, para analizar el procedimiento jurídico y los recorridos y circuitos de los niños ingresados al sistema judicial.

Se trabajó con una matriz, sobre la que se volcó información, según predictores de análisis, tales como:

- Juzgado de Menores Interviniente. Secretaría involucrada.
- Razón/justificación de la tutela hacia el menor.
- Características de la familia de origen según el informe de la trabajadora social.
- Procedimientos técnicos-administrativos desde el ingreso del niño al sistema judicial.

Capítulo 1

La Legislación de Menores.

En el período de estudio que comprende la investigación, en la provincia de Córdoba, tuvieron vigencia dos leyes que regularon las políticas de minoridad: la Ley Nº 4.873 y la Ley Nº 9.053.

La Ley Nº 4.873 que conformó el *Estatuto de la Minoridad* rigió desde el 01 de enero de 1966 hasta el 30 de octubre de 2002, fecha en que se sancionó la Ley 9.053 por la cual fueron derogados (de la Ley nº 4.873) los artículos correspondientes a: Título I De los Jueces de Menores; Título II Ministerio de Menores; Título III Procedimientos y Título IV Consejo Provincial de Protección al Menor.

Con la Ley 4.873 la Provincia de Córdoba adhirió tardíamente a la Ley Nacional Nº 10.903, conocida como *Ley Agote,* que fue sancionada el 29 de septiembre de 1914 y publicada el 15 de octubre del mismo año. La denominada Ley Agote estuvo vigente hasta la sanción y promulgación de la Ley Nº 26.061 de *Protección Integral de los Derechos de las Niñas, Niños y Adolescentes,* en Septiembre-Octubre de 2005.

Es preciso realizar un desarrollo acerca de la Ley Agote, para comprender el espíritu de la que luego fue sancionada en la provincia de Córdoba.

El Patronato de Menores. Ley Nacional Nº 10.903

La Ley Agote es la que estableció el *Patronato de Menores*, "*... figura institucional que designa la tutela del Estado*".[1] La misma instituyó la intervención del Poder Judicial y del Ejecutivo; preveía la creación de Tribunales con competencia en menores, generó en el Derecho una diferenciación entre niños, jóvenes y adultos lo que era promovido por sectores reformadores.

---

1 MALAGAMBA, M., "¿Prevención o destino? Construcción de subjetividad de jóvenes en conflicto con la ley desde la implementación de las políticas de minoridad", [en línea] Dirección URL: www.unrc.edu.ar

De este modo, se crearon órganos de justicia, siendo el Estado quien debía ocuparse de crearlos, los que estaban asociados a la necesidad de tutelar al menor; la incumbencia era tanto en los asuntos penales como asistenciales. La tutela del Estado llegaba, en algunos casos, a medidas como apartar al menor de su familia de origen. De acuerdo al análisis de Piotti[2] el Estado se convierte en el tutor de todos aquellos menores que por la ausencia o el defecto de las políticas sociales que no protegieron a sus familias, quedan ubicados en los que se ha dado en llamar la situación irregular.

> "(...)los niños fueron evaluados según su condición social y según su origen, a partir de la aplicación de la modernización escolar y la intervención estatal para la institucionalización de la niñez no escolarizada. "(...)una perspectiva que entendía que la pertenencia a "familias pobres" los colocaba en riesgo social".[3]

De este modo, el Patronato de Menores significaba la acción del Estado a través de una figura, la del Juez de Menores, quien se convertía en el tutor de todas aquellas personas menores de 21 años que estaban ubicadas en la llamada situación irregular.

El Patronato de Menores, en el ámbito legislativo, se corresponde con la *Doctrina del Control social de la infancia-adolescencia o del Menor en Situación Irregular,* inspirada en el Defensismo Social por el cual había que controlar al colectivo social que amenazaba el orden vigente en períodos de conflictividad.

La ley 10.903 se fundó en la doctrina de la "situación irregular" que permite avanzar no sólo respecto a los menores acusados de comisión de delitos, sino que admite al juez la posibilidad de disponer de menores "material o moralmente abandonados, o en peligro moral", categorías estas totalmente vagas y ambiguas, que otorgan al mismo amplia discrecionalidad en la materia. En consecuencia, se parte del tratamiento, resocialización, y como último recurso neutralización del niño que comete delitos o que potencialmente pudiera llegar a cometerlos, creando una ecuación que aún perdura en nuestros días a saber: *"menor abandonado es igual a menor delincuente"*.[4]

---

2 PIOTTI, M., "Los tres paradigmas sobre la infancia adolescencia". Revista *Confluencias,* Colegio de Profesionales en Servicio Social de la Provincia de Córdoba, Año 8, N° 36, Córdoba, Diciembre, 2000.

3 MALAGAMBA M., "¿Prevención o destino?...", *Op. Cit.*

4 GUEMUREMAN, S. y DAROQUI, A., *La niñez ajusticiada,* Editores del Puerto, Bs. As.,

Argentina: el contexto socio-político y la Doctrina del Control Social

El contexto social de la época en Argentina comprendía durante las primeras décadas del siglo XX una gran conflictividad socioeconómica y el surgimiento de nuevos colectivos sociales, relacionados al fenómeno de la inmigración, que amenazaban a la sociedad. Es la época de gran cantidad de inmigrantes que permanecieron en la ciudad de Buenos Aires, con lo cual se agudizó el problema de la vivienda y el desempleo y comienza a ser destacada la peligrosidad de sus hijos cuyas familias desarraigadas no los contenían.

La Argentina se vio en pocos años inundada por un amplio incremento de la población, circunstancia esta que llevó a un gran desarrollo del movimiento obrero entre 1890 y 1918. Los conflictos sociales no se hicieron esperar y los grupos de clase alta comenzaron a reclamar respuestas gubernamentales, las que no tardaron en hacerse presentes a través de leyes de corte positivista tales como "la ley de Residencia" (Ley 4.144 de 1902) y la de "Defensa Social" (Ley 7.029 de 1910) que iban dirigidas a los inmigrantes como forma de evitar la agitación obrera, las huelgas y el anarquismo. A esto se les sumo los proyectos de reformas al código penal de 1890-1891 y de 1906 que no prosperaron; la ley 4.189 (1903) que introdujo reformas parciales al código de 1886, el lanzamiento del nuevo código penal de 1922 y los Proyectos de Estado Peligroso sin delito de 1924,1926 y 1928, entre otros. [5]

El historiador Félix Luna[6] explica que a medida que el país recibía la inmigración llegaron también las ideas de reivindicación social, encarnadas en dirigentes anarquistas o socialistas que penetraron en las clases menos favorecidas. A partir de 1904 y 1905 el sistema que había sido progresista en muchos aspectos, empezó a adquirir carácter represivo y se sancionó la Ley de Residencia. Algunos hombres del Régimen, liberal y conservador, estaban asustados de que pudieran producirse trastornos cuya etapa final fuese el derrocamiento o el derrumbamiento del orden de cosas que se había creado.

2001, p. 242 y ss.

[5] Respecto a la evolución de la criminología en Argentina y de sus principales exponentes nacionales, CFR DEL OLMO, R., *Criminología. Argentina. Apuntes para su reconstrucción histórica.* Depalma, Bs. As., 1992, p. 29 y ss.

[6] LUNA, F., *Breve historia de los argentinos.* Planeta, 11° Edición, Buenos Aires, 2003.

Con la sanción de la ley 1.420, de educación pública, laica, obligatoria y gratuita, "la política oficial entendía que era necesario escolarizar a la infancia para hacer de las diferentes identidades extranjeras que bajaban de los barcos, una sola nacionalidad."

> La escuela debía enseñar lo que no se aprendía en las familias y en este caso se trataba de valores igualmente fundamentales para la época: el aseo personal, que se vincula con un ordenamiento programado de los cuerpos y un ideal de respetabilidad cultural y material, por una parte; el patriotismo como núcleo de identidad colectiva, por la otra, que instala a los sujetos en la escena nacional.[7]

Se necesitaba asimilar a los hijos de inmigrantes con la población nativa, mediante la educación pública. La familia y la escuela ejercían control social sobre los menores, ambas instituciones fueron insuficientes para tratar la cuestión social de la infancia abandonada y en riesgo, surgiendo la necesidad de nuevas instituciones tutelares.

La institucionalización de la educación formal en Argentina estuvo acompañada por una concepción de la infancia que incluía un modelo de niño subordinado a sus padres y a los docentes y, en general, sin derechos propios.

E. Ciafardo plantea que entre los años 1890-1910, los niños de Buenos Aires comienzan a diferenciarse de los adultos y entre sí; esta diferenciación estableció tres grupos de niños: los pobres, los niños de los sectores medios y los de la elite. Lo cual delimitó políticas diferentes.

> La persecución, la detención y la internación cuando se trataba de niños vagabundos, transgresores o de niñas que ejercían la prostitución, mientras que para los otros dos grupos la política en general, estaba orientada a la enseñanza escolar y la normativización moral dentro de las escuelas.[8]

---

7 GOCIOL, J., "El largo camino de Billiken". *El Monitor de la Educación. Nº 10* [En línea]. Publicación del Ministerio de Educación. Presidencia de la Nación. Dirección URL:www.me.gov.ar/monitor/nro10/medios.htm

8 CIAFARDO, E., *Los niños en la ciudad de Buenos Aires (1890/1910.* Centro Editor de América Latina, Buenos Aires, 1992, Citado en: COHEN IMACH DE PAROLO, S., "Infancia y niñez en los escenarios de la posmodernidad", Ponencia presentada en el IV Congreso Argentino de Salud Mental 2009, Buenos Aires, 2009.

En Argentina en esa época los niños y adolescentes habían tomado las calles con toda su familia y habían empezado participar de manifestaciones y reclamos sociales ante las condiciones sociales en que vivían. Entonces surge la noción de *culpabilidad de la famili*a por la situación de estos niños quienes se transforman en potenciales peligros para la sociedad, son vistos como el riesgo de la sociedad civil.

En 1910, el médico Luis Agote, diputado conservador quien proponía recluirlos en la isla Martín García, advertía

> (…)sobre la presencia de gran cantidad de niños delincuentes en reuniones de grupos anarquistas. Al diputado le preocupaban particularmente los canillitas, a quienes quizá por su contacto permanente con la información, consideraba presa fácil de esos grupos. (…) Vendiendo diarios primero y después siguiendo, por una gradación sucesiva de esta pendiente siempre progresiva del vicio, hasta el crimen, van a formar parte de esas bandas anarquistas que han agitado la ciudad el último tiempo[9];

Uno de los teóricos y defensores del Patronato de Menores –Bollero- expresó: *"El Estado tiene el derecho de secuestrar a los menores cuya conducta sea manifiestamente antisocial, peligrosa, antes de que cometan delitos…"; "… se trata de sustituir la patria potestad por la tutela del Estado."*[10]

Era necesario proteger a la sociedad de los menores "futuros delincuentes". Esto se correspondió con el Paradigma del Control Social de la Infancia que significó un modelo de intervención que no respetó sus necesidades, intereses y deseos, sino por el contrario atribuyó a las instituciones del Estado y a los adultos en general, un poder completo sobre los niños.[11]

Según Piotti[12], se instaló la dupla abandono-delincuencia y el Estado responde a ambas situaciones del mismo modo: un niño abandonado es un criminal en potencia. Se penaliza el problema social (desocupación, pobreza, abandono, analfabetismo) y psicológico. Todos los problemas

---

9 Citado por DEMARÍA, V. y FIGUEROA, J., *10.903: La Ley maldita.* [En línea] Dirección URL: www.pensamientopenal.com.ar

10 Citado por ANTONINI, P., "El reino del revés. Origen y esencia del Patronato", Revista *La Pulseada*. Buenos Aires, Julio 2003, [En línea] Dirección URL: www.lapulseada.com.ar

11 Conceptos presentados por PIOTTI, M. y LATTANZI, M., "La politización de la niñez y la adolescencia y el Trabajo Social". Ponencia presentada en el XXIV Congreso Nacional de Trabajo Social (FAAPSS). Mendoza. 2008.

12 PIOTTI, M., "Los tres paradigmas sobre...", *Op. Cit.*

de los niños, económicos y de abandono, entran en el fenómeno de la criminalización.

El Estado reemplazó a la familia cuando consideraba que esta no reunía las condiciones para atender al niño. Privaba a los padres de la patria potestad y se autodesignaba tutor y padre del niño; no se preguntaba si la institucionalización era lo mejor para el desarrollo del niño y cómo iba a contribuir a su identidad y subjetividad.

Se consideraba al niño/a-adolescente como un objeto de tutela, de intervención de profesionales, instituciones y políticas sociales mayoritariamente judiciales. Llamaba menores a todos aquellos niños/as cuyo grado de vulnerabilidad los colocaba en situación de que alguna institución especial, creada por los adultos, debía hacerse cargo de ellos. Los mayores, padres, maestros, profesionales y jueces conocían mejor que cada niño/a aquello que le convenía y que necesitaba.

La misma palabra menor lo colocaba en una comparación diminutiva, lo estigmatizaba, asimilándolo en el caso del derecho civil, a los enfermos mentales y a los incapaces.

Las políticas en el marco del control social se manifestaron en leyes que judicializaron toda la problemática de la infancia-adolescencia.

El Patronato de Menores en la Provincia de Córdoba. Ley 4.873

Si bien sancionada tardíamente, en 1966,

> La Ley 4.873 inspirada en el Patronato de Menores, establece las competencias y funciones de los jueces y asesores de menores, reglamenta los procedimientos legales, establece la creación y funcionamiento del Consejo Provincial de Protección al Menor y determina los derechos y obligaciones del personal docente que trabajará en ese ámbito.[13]

El Estatuto de la Minoridad en el Régimen para la Provincia de Córdoba establece en el Art. 1º el Ejercicio del *Patronato de Menores* por parte del Juez de Menores con competencia *para conocer y resolver:*

[13] LACOMBE, E., "El camino de las leyes de minoridad en Argentina y en Córdoba", *La Luciérnaga* Nº 57, julio 2002, Córdoba.

- delitos, faltas o actos de inconducta cometidos por menores de 18 años en el momento del hecho(...);
- infracciones cometidas por los padres, tutores o guardadores,(...) que aparezcan culpables de malos tratos o de negligencia grave o continuada con respecto a los menores a su cargo y que no importen delitos del derecho penal; incumplimiento de los deberes de asistencia familiar;
- situación de menores de edad que aparezcan como víctimas de delitos o faltas o de abandono material o moral, o de malos tratos o de correcciones inmoderadas;
- la situación de menores de 18 años víctimas o autores de infracciones a disposiciones referentes a su instrucción o trabajo;la guarda de menores sometidos al patronato.

El art. 1 de la analizada Ley es la columna vertebral de la justicia prevencional de menores. El conocimiento de la posible existencia de una situación de maltrato, por acción, omisión, abuso sexual o de un niño víctima de delitos o abandono, requiere que el juez indague sobre la verdad real de lo que le está sucediendo, para poder disponer las medidas tuitivas.

Esta Ley le otorgaba al Juez de Menores una amplia competencia para intervenir en la vida de niños/as y adolescentes hasta 21 años, que quedaban bajo su órbita, no sólo cuando hubieren infringido leyes penales, sino también en el caso de que se considerase que éstos se encontraban en una "situación de riesgo moral o material". Pudiendo disponer de ellos, a través del instrumento de la *tutela judicial,* posibilitando incluso la institucionalización de los mismos por tiempo indeterminado.

La norma dispone que el juez resolverá lo que más convenga para la salud material o moral del menor[14] previo informe del Consejo del Menor o del Cuerpo Técnico de Asistencia Judicial, en audiencia oral y con participación del Asesor de Menores, del delegado o inspector que hubiese actuado y de los demás interesados.

Según lo estable el art. 4 de la Ley 4.873 el Juez procederá de oficio o por instancia del Consejo Provincial de Protección al Menor, del Fiscal, del Asesor de Menores (funcionario autorizado a instar la intervención del

14 CARRANZA, J., *Temas del derecho prevencional de menores,* Colección Lecciones y Ensayo, Alveroni, Córdoba, 2000.

Juez y que intervendrá en defensa de los intereses del menor), de parte interesada o por denuncia.

Estipula que el Juez de Menores es competente para conocer y resolver la situación de los menores que aparezcan como víctimas de delitos o faltas, de abandono material o moral, o de malos tratos o correcciones inmoderadas.

El art. 16 de la Ley 4.873 exige que previo a designar audiencia para ordenar medidas definitivas que resuelvan lo conveniente para la salud moral o material, deberán ser adjuntados los informes del CPPM o del Cuerpo Técnico de Asistencia Judicial (los informes de ambos tienen valor equiparado por la ley).

La ley recoge los derechos del niño pero en un sentido negativo, como una carencia que debe ser reparada.

> El Patronato Judicial se ejercerá cuando llega a conocimiento del tribunal la existencia de niños que aparezcan como víctimas de delitos o faltas, abandono material o moral, malos tratos o correcciones inmoderadas, e infracciones a la instrucción o trabajo, o cuando debe conocerse y resolverse la guarda de menores sometidos al Patronato del estado(...)[15]

El Dr. Carranza[16] interpreta que, cuando los derechos esenciales de los niños aparecen como conculcados, el Juez de Menores debe resolver su situación.

La actuación del juez de Menores considera los derechos de los niños, los derechos y deberes de sus padres y el límite de la actuación estatal. El interés supremo del niño es la norma que establece dicho orden.

La patria potestad se refiere a los derechos de quienes velan por el desarrollo físico, afectivo y psicológico del niño. Es un "derecho-función" que se debe regir por ese interés supremo del niño y en consecuencia, como afirma "*... es un derecho relativo, organizado como un estatuto que atiende el interés del menor*"[17].

---

15 Ley 4.873, art. 1, inc.7.

16 CARRANZA, J.,CARRANZA, J., "*Temas del derecho prevencional...*" Op. Cit.

17 URIARTE, J., En *Revista de Derecho de Familia Nº 8*. Abelardo Perrot. Buenos Aires. 1994. Pág. 50. Citado por CARRANZA, J., "*Temas del derecho prevencional...*", Op. Cit.

El Patronato de Menores significaba la acción del Estado a través de una figura, la del Juez de Menores, al cual convertía en el tutor de todas aquellas personas menores de 21 años y que estaban ubicadas en la llamada situación irregular

El Patronato de Menores, en el ámbito legislativo, se corresponde con la *Doctrina del Control social de la infancia-adolescencia o del Menor en Situación Irregular.*

Procedimiento jurídico-administrativo

Cuando a un menor se lo sometía al Patronato estatal se resolvía en audiencia oral lo más conveniente para su salud moral o material. Estas cuestiones procedimentales fueron modificadas por la Ley 8.632 en la que quedó establecido que el Juez de Menores resolverá lo más conveniente para la salud moral y material del menor previo informe del Consejo Provincial de Protección al Menor o del Cuerpo Técnico de Asistencia Judicial, implementado por el Excelentísimo Superior Tribunal de Justicia como ente auxiliar en 1984. En el mismo año el Superior Tribunal de Justicia también implementó, por acordada Nº 81 como Auxiliar, el funcionamiento del Equipo Técnico de los Juzgados de Menores.

Desde la sanción de la Ley 4.873, el Consejo Provincial de Protección al Menor de acuerdo al artículo N° 18, había sido "*... el órgano de ejecución, colaboración y asistencia técnica del Patronato del Estado, ejercido por el Juez de Menores*". [18]

También la Ley 4.873 establecía una intervención de oficio. En su art. 4 establece que el Juez procederá de oficio o por instancia del Consejo Provincial de Protección al Menor, del fiscal, del Asesor de Menores (funcionario autorizado a instar la intervención del Juez y que intervendrá en defensa de los intereses del menor), de parte interesada o por denuncia.

El art. 5 se refiere a las medidas provisorias en resguardo de la persona y de los bienes de los menores. El art. 16 ha sido reformado por la ley 8.632 y fija las medidas definitivas en las causas provisionales. La norma dispone que el juez resolverá lo que más convenga para la salud material o moral del menor, previo informe del Consejo del Menor o del Cuerpo Técnico de Asistencia Judicial, en audiencia oral y con participación del

[18] CARRANZA, J., "*Temas del derecho prevencional...*" Op. Cit.

Asesor de Menores, del delegado o inspector que hubiese actuado y de los demás interesados.

Los Equipos Técnicos de los Juzgados sólo efectuaban diagnóstico y el seguimiento y contralor de la evolución de los casos era realizado por el Consejo Provincial de Protección al Menor. El Juez debía remitir a éste por, órgano ejecutivo en el ejercicio del Patronato de Menores, "... *a los que sean objeto de medidas de prevención, corrección o sanción*".[19]

Consejo Provincial de Protección al Menor

Tal como se citó, el órgano de ejecución, colaboración y asistencia técnica del Patronato del Estado, ejercido por el Juez de Menores, era el Consejo Provincial de Protección al Menor. Este Consejo tenía la función autónoma de policía y asistencia de menores. Estaba facultado por la misma Ley 4.873 para:

- planear, organizar, la política proteccional de la minoridad en todo el territorio de la provincia de Córdoba;
- dar protección integral y especializada a los menores de edad abandonados, en peligro moral y/o económico;
- propender al desarrollo normal y armónico de la personalidad de los menores, con la consolidación de la familia o su sustitución;
- prestar la colaboración y asistencia técnica al Juez de Menores, al mismo tiempo que ejecutar las medidas de prevención y de corrección que deban cumplirse sobre los menores por resolución de los Tribunales competentes; para la ejecución de estas medidas podía exigir la colaboración de otras reparticiones oficiales y requerirla de instituciones y personas particulares;
- para su función ejecutora contaba con establecimientos e institutos de prevención, corrección y sanción de los menores, a los cuales debía organizar, tipificar, gobernar y controlar; para la misión de policía, asistencia, prevención y corrección externa, contaba con "un cuerpo de asistentes sociales, delegados de libertad vigilada y policías juveniles";
- organizar registro de menores a los fines del contralor de la conducta de los mismos en todo el territorio de la provincia.

---

19 Ibídem.

Ley de Protección Judicial del Niño y el Adolescente

El 30 de octubre de 2002, luego de 36 años de vigencia de la Ley que estableció el Patronato de Menores en la provincia de Córdoba, se sancionó la Ley 9.053, de Protección Judicial del Niño y el Adolescente, cuyo espíritu prevaleció (al decir de Gabrielle, Orlando) en la Convención Internacional de los Derechos del Niño de 1989: "*... el interés superior del niño como principio rector, y la protección de la familia como soporte principal para el efectivo y normal desarrollo del mismo.*"[20] Niños, niñas y adolescentes son considerados sujetos de derechos y que deben ser protegidos de manera especial y que se les debe posibilitar el ejercicio pleno de sus derechos fundamentales. Así es que el Juez es ubicado "*... más en una función de control del proceso para seguridad jurídica de niños y adolescentes, que de juez "paternalista", como en la ley 4.873.*"[21]

El Doctor Jorge Carranza interpreta que los niños no son del juez como tampoco de los padres "*... y estos tienen que entender que son sujetos de derechos y no objeto posesión.*"[22]

Convención Internacional de los Derechos del Niño

Las bases de la Convención establecieron en 1945, la Carta de las Naciones Unidas exhortar a todos los países a promover y alentar el respeto por los derechos humanos y las libertades fundamentales "para todos". Con Posterioridad al aprobarse la Declaración Universal de Derechos Humanos se promovió con mayor firmeza el "derecho a cuidados y asistencia especiales en la maternidad y la infancia" y la familia fue definida como "el elemento natural y fundamental de la sociedad".

En 1959 quedaron reconocidos explícitamente los Derechos del Niño en la Declaración realizada por las Naciones Unidas; mas el primer instrumento internacional jurídicamente vinculante fue la Convención sobre los Derechos del Niño adoptada por la Asamblea General de las Naciones Unidas el 20 de noviembre de 1989.

Esta Convención incorpora todos los derechos humanos: civiles, culturales, económicos, políticos y sociales que garantizan cuidados y protec-

---

20 GABRIELE, O., *Normativa de la Familia y Minoridad*, Alveroni, Córdoba, 2006.

21 Íbidem.

22 CARRANZA, J., *Temas del derecho prevencional...*, Op. Cit. 2000.

ción especiales para los niños y niñas menores de 18 años definiendo sus derechos humanos básicos. Sus cuatro principios fundamentales son: la no discriminación; la aplicación del interés superior del niño; el derecho a la vida, la supervivencia y desarrollo; el respeto por los puntos de vista del niño. Los derechos de la niñez se ven garantizados en esta Convención por el establecimiento de pautas en lo referente a la atención de la salud, la educación y la prestación de servicios jurídicos, civiles y sociales.

Los gobiernos nacionales se comprometen a proteger y asegurar estos derechos de la niñez al aceptar las obligaciones de la Convención a través de la ratificación o la adhesión; se reconocen responsables de este compromiso ante la comunidad internacional obligándose a llevar a cabo todas las medidas y políticas necesarias para proteger el interés superior del niño.

En Argentina la Convención sobre los derechos del Niño fue incorporada el 22 de Noviembre de 1990 y adquirió rango constitucional con la reforma del año 1994 (artículo 75, inciso 11).

La Convención y el interés superior del niño

El espíritu de esta Convención está reflejado en el Art. 3, Inc.1 el cual expresa que

> (...) en todas las medidas concernientes a los niños que tomen las instituciones públicas o privadas de bienestar social, los tribunales, las autoridades administrativas o los órganos legislativos, una consideración primordial a que atenderá será el interés superior del niño. [...] El interés superior del niño implica que éste se desarrolle en el seno de su familia y pueda desplegar en ella todas sus potencialidades desde el afecto natural(...).[23]

En su Preámbulo, la Convención expresa su convicción

> ... de que la familia, como grupo fundamental de la sociedad y medio natural para el crecimiento y el bienestar de todos sus miembros y en particular el de los niños, debe recibir la protección y asistencia necesarias para poder asumir plenamente sus responsabilidades dentro de la comunidad. [...] Reconociendo que el niño, para el pleno y armonioso desarrollo de su personalidad,

---

[23] CARRANZA, J., *Interés superior del niño y actuación judicial. Semanario Jurídico.* Nº 1.178, pp.180.

debe crecer en el seno de la familia, en un ambiente de felicidad, amor y comprensión.[24]

Analistas de distintas legislaciones de América Latina reconocen en el concepto de *interés superior del niño* elementos que pueden ser de orden financiero (analizando su situación económica); socio-ambiental (el examen de su centro de vida, entendiendo por ello el lugar donde las niñas, niños y adolescentes hubiesen transcurrido en condiciones legítimas la mayor parte de su existencia); sanitario (como la necesidad de un régimen alimentario particular, condiciones de vida, tratamientos médicos específicos); afectivo (las relaciones con el entorno familiar y otras personas son muy importantes en el examen del interés del niño); psicológico (que obliga a interesarse sobre las posibles consecuencias emocionales ante la implementación de determinadas medidas); educativo (que intenta proyectarse hacia el futuro buscando que la educación de hoy favorezca la potencialidad de la que el niño pueda estar dotado).

Asimismo, reconocen como elemento presente en tal concepto la percepción que el propio niño tiene de su interés. Por ello el niño, la niña o adolescente debe ser oído, tomándose en consideración sus apreciaciones en función de su edad y grado de madurez; tienen derecho a expresar su opinión o punto de vista en los asuntos que los afecten. Destacan la necesidad de priorizar los derechos del niño, niña, adolescente frente a los derechos de las personas adultas.

> Se ha criticado durante mucho tiempo el hecho de que el derecho de los menores, en definitiva, es un derecho aplicado por los adultos y que el interés superior del menor lo concretan los adultos. Se intenta amortiguar esta situación -en cierto modo inevitable- exigiéndose que el menor sea oído en la apreciación de los problemas propios.[25]

---

24 *Convención sobre los Derechos del Niño.* Adoptada por la Asamblea General de las Naciones Unidas el 20 de noviembre de 1989 en Nueva York, Estados Unidos. La República Argentina la aprobó mediante la ley 23.849. Boletín Oficial 22/10/90.

25 SANTOS BALANDRO, R., "El Interés Superior del Menor en el Derecho Internacional Privado". Artículo publicado por ASAPMI (Asociación Argentina de Prevención del Maltrato Infanto Juvenil) [en línea]. Dirección URL: www.asapmi.org.ar

Ley Nº 9.053 – Provincia de Córdoba

En Córdoba, la Ley Provincial Nº 9.053[26] de Protección Judicial del Niño y el Adolescente se pronunció sostenida en el paradigma de la Protección Integral. Esta Ley entró en vigencia en el año 2002 (en reemplazo de la Ley Nº 4.873) a la fecha.

El proyecto de reforma de la Ley 4.873 de Minoridad tuvo cuatro aspectos centrales:

a. La disolución del Consejo Provincial de Protección al Menor cuya área prevencional pasaría a estar a cargo de la Agencia Córdoba Solidaria y el área correccional pasaría a estar a cargo de la Secretaría de Justicia.

b. La administración de los fondos destinados a políticas de minoridad, que pasarían a ser manejados por la Agencia Córdoba Solidaria dependiente del Gobierno de la Provincia.

c. La tercerización de los servicios y programas de minoridad.

d. La derogación de todos los artículos que regulan las obligaciones, derechos y sistema de nombramientos y escalafón del personal docente dentro del Consejo del Menor.

La Ley Provincial Nº 9.053 en sus Disposiciones Generales menciona, entre otras cosas, las siguientes:

> (...) La familia, la comunidad y el Estado Provincial son responsables y garantes del desarrollo físico, psicológico, moral, espiritual y social de los niños y adolescentes menores de edad, conforme a lo establecido por la Convención de los Derechos del Niño y la Constitución Provincial.
>
> (...) La comunidad y el Estado Provincial tienen la responsabilidad subsidiaria de proveer a la defensa del derecho que -todo niño o adolescente- tiene a crecer y desarrollarse en el seno de su propia familia, como institución fundamental de protección y formación.
>
> El Poder Ejecutivo Provincial deberá adoptar todas las medidas tendientes a garantizar los servicios de salud, educación, recrea-

[26] Ley 9.053 *Protección judicial del niño y el adolescente,* Dirección de Atención Integral del niño y adolescente en conflicto con la ley penal; Secretaría de Justicia. Gobierno de Córdoba; año 2002.

> ción, justicia, seguridad y los demás que aseguren la protección integral del niño y del adolescente.
>
> (...) Los niños y adolescentes menores de edad, cuyos derechos fundamentales estuvieren en conflicto, quedarán amparados por la presente Ley, y gozarán de la protección judicial para la determinación de las medidas tendientes a restablecer sus derechos vulnerados.
>
> (...) En todo lo concerniente al niño y al adolescente se deberá atender primordialmente a su interés superior, entendiendo por tal la promoción de su desarrollo integral. Toda medida que se tome con relación a ellos, deberá asegurar la máxima satisfacción de derechos que sea posible, conforme a la legislación vigente (...).

Desde el modelo de la protección integral de la infancia adolescencia, el Trabajo Social debe cambiar la dirección de su mirada y empezar a reconocer a los niños y adolescentes desde ellos mismos, sus necesidades, inquietudes y saberes. Debe producir conocimientos, investigar y problematizar la realidad de la infancia adolescencia de los sectores populares, para que se pongan en práctica los derechos declamados.

Desde el Trabajo Social podemos estudiar las violaciones de los derechos de los niños y apoyar sus denuncias y sus organizaciones. También trabajar con la población para que reconozca a los niños como hijos de todos. Asimismo, desde la disciplina se pueden elaborar distintas estrategias para los agentes educativos formales e informales.

Avanzando sobre los postulados del paradigma de la protección integral, surge el de la teoría de la promoción social o el rol social de la infancia adolescencia, que busca otorgar al niño los derechos de ciudadanía social, es decir, la promoción de un lugar social protagónico de la infancia. Este paradigma exige el reconocimiento del trabajo infantil y la creación de condiciones para protegerlo.

Se criticó durante mucho tiempo el hecho de que el derecho de los menores, en definitiva, es un derecho aplicado por los adultos y que el interés superior del menor lo concretan los adultos. Se intenta amortiguar esta situación -en cierto modo inevitable- exigiéndose que el menor sea oído en la apreciación de los problemas propios, este es el eje de la Doctrina de la Protección Integral.

Durante varias décadas el estudio de la minoridad estuvo dirigido a la situación del menor infractor y del abandonado, y se dejaron de lado respecto de la minoridad, otras perspectivas de abordaje.

La doctrina de la situación irregular ha sido sustituida, en la actualidad, por la de la atención integral del menor. Los nuevos textos reflejan este cambio que marca una nueva mentalidad frente a la grave desprotección y violación de los derechos del niño que se observa en el mundo.

En primer lugar, los niños y adolescentes no son más objeto de compasión y de represión sino que deben ser considerados sujetos de derecho, en oposición a la idea otrora predominante del niño definido a partir de su incapacidad jurídica. Ya no se lo define por sus necesidades o carencias sino por sus atributos y derechos ante el Estado, la familia y la sociedad.

La Ley de Protección Judicial del Niño y del Adolescente N° 9.053 refleja en su contenido cambios de profunda significación respecto de su antecesora, la Ley provincial N° 4.873.[27] Tal como se refirió anteriormente respecto a la doctrina del Patronato de Menores, era corriente la intervención estatal en la vida de un niño cuando se consideraba "anormal" a su contexto familiar o vivía situaciones de riesgo por omisión o por hechos que constituían peligro para su vida. El sentido "paternalista" que asumía el Juez de Menores llegaba a producir una externación del niño de su familia y en muchos casos a institucionalizarlo.

Los significativos cambios que llegan con la Ley 9.053 están sustentados, según analiza Gabriele, en los siguientes principios: el de la "legalidad de la intervención del Juez de Menores"; "mínima intervención tutelar"; "inmediación"; "necesaria intervención de los progenitores con asistencia letrada" y la "institucionalización como último recurso"[28].

La propia ley en su artículo primero establece que la familia, la comunidad y el Estado Provincial son los responsables y garantes del desarrollo de los niños y adolescentes, siguiendo pautas de la Convención sobre los Derechos del Niño. En el segundo de los artículos considera subsidiaria la responsabilidad de la comunidad y del Estado Provincial de proveer a la defensa del derecho del niño de crecer y desarrollarse en la propia familia.

---

27 GABRIELE, O., "Normativa de la familia y minoridad...", Op. Cit, 2006.

28 Íbidem.

La Convención establece los parámetros según los cuales la intervención judicial debe realizarse y justifica la separación del niño de sus padres a reserva de revisión judicial, si es necesaria atendiendo al interés superior del niño. *"A la luz de esa normativa el Patronato estatal se activará 'sí y sólo sí' ese interés supremo lo justifique..."*[29] y cuando, tanto la familia biológica y/o extensa como las instituciones naturales de la comunidad no logran resguardar al niño de una posible situación de riesgo. Es así que el principio de legalidad de la intervención sostiene como regla que la familia atienda las necesidades del niño, solucione sus problemas y lo contenga.

Respecto a la intervención del Juez de Menores, Carranza[30] sostiene que adquiere relevancia el concepto de "vulneración de derechos esenciales"; quedando atrás expresiones como "niño en riesgo", "peligro material o moral", "niño abandonado" por prestarse a una interpretación libre.

A este respecto Gabriele analiza que la situación que requiere de la intervención –puntual y extraordinaria- ha puesto la vida del niño en riesgo y considera válida la expresión "niño en riesgo".

La propia Ley 9.053 en su artículo noveno describe las competencias del Juez de Menores en lo prevencional, pudiendo conocer y resolver en situación de los niños y adolescentes:

- víctimas de delitos o faltas cometidas por los padres, tutores o guardadores;
- víctimas de malos tratos, negligencia grave, explotación por parte de sus padres, tutores o guardadores;
- cuando habiendo exposición, filiación desconocida o impedimento de los padres, fueran necesarias medidas de protección;
- cuando los padres manifestaren voluntad de desprendimiento definitivo;
- cuando los padres, tutores o guardadores se hubieren desentendido injustificadamente;
- cuando con su propio obrar el niño o el adolescente comprometiere gravemente su salud y lo requieran sus padres, tutores o guardadores;

29 CARRANZA, J., *Temas del derecho prevencional...*, Op. Cit, 2000.

30 Íbidem.

- cuando se encuentren sujetos a protección judicial para autorizaciones y cuestiones referente a alimentos;
- cuando resulte necesario garantizar las prestaciones sociales asistenciales;
- cuando se trate de causas sustanciadas ante él, en las recusaciones e inhibiciones.

De acuerdo a Gabriele,

> (…)se prefiere una intervención jurisdiccional tutelar acotada de acuerdo a una real necesidad del niño o adolescente, que a una intervención más amplia, dejando así que la participación familiar adquiera relevancia y realice esfuerzos en pro de evitar la intervención del Tribunal de Menores.[31]

Con el principio de inmediación esta Ley (artículo 22) y en consustanciación con la Convención, refleja el derecho del niño a ser oído.

Además, por su derecho a desarrollarse en su ámbito familiar, el Juez recurrirá a la institucionalización si el mismo no resulta contenedor y formador de acuerdo a lo que el niño o adolescente necesita y luego de haber buscado -con el niño, la familia y el equipo técnico- otras alternativas.

Procedimiento prevencional

La Ley 9.053 diferencia entre procedimiento prevencional (Título III) y procedimiento correccional (Título V). Teniendo en cuenta el tema de la investigación, se realizará una descripción del primero de ellos.

El procedimiento establece una actuación pre jurisdiccional por la cual el Asesor de Menores conocerá sobre las situaciones mencionadas en el artículo noveno de la Ley, siempre que la dilación en la intervención jurisdiccional no implique riesgo a la integridad psico-física de los niños y adolescentes. De esta manera, el Asesor de Menores,

> (…)al atender los reclamos de los interesados en la problemática planteada e intentar solucionar de manera diferente esa cuestión […], está protegiendo de manera indirecta la persona del menor

31 GABRIELE, O., "Normativa de la familia y minoridad…", Op. Cit.

y sus derechos esenciales en conflicto, evitando así que éste sea quizá innecesariamente judicializado.[32]

Conocida la situación, el Asesor de Menores y luego de la entrevista con el requirente, convocará a los interesados a una audiencia en el término de cinco días; después de oírlos, emitirá las consideraciones y recomendaciones que estimare convenientes, pudiendo llegar a solicitar la intervención jurisdiccional.

Con referencia a esta intervención, el Juez de Menores se abocará a solicitud del Asesor de Menores o por denuncia; excepcionalmente podrá iniciarla de oficio. Cuando se inicia de este modo puede ser por haber tomado conocimiento de la situación por cualquier medio o hubiere prevenido la autoridad policial y el Juez deberá dar inmediata intervención al Ministerio Pupilar.

Por otra parte, según esta ley, están obligados a denunciar los funcionarios y empleados públicos, los profesionales del arte de curar y las autoridades de los establecimientos educacionales o asistenciales que conocieran las situaciones previstas en el artículo noveno, con motivo de sus funciones o servicios.

Abocado el Juez, en el término de cuarenta y ocho horas, deberá conocer y oír en forma directa y personal al niño o adolescente y a sus representantes legales; dispondrá las medidas urgentes que correspondieren, ordenará los informes y peritaciones conducentes al estudio de la personalidad del niño o adolescente y de sus condiciones ambientales y familiares.

Entre las medidas tutelares, mientras se practica la investigación, se encuentran: la guarda junto a sus padres o tutores, la colocación bajo la guarda de terceros con prioridad a la familia extensa, su atención integral a través de programas implementados por la autoridad administrativa, guarda en establecimientos o centros habilitados a tal efecto (guarda institucional), fijación de cuota alimentaria y otras de carácter provisorio.

Entre las medidas complementarias se encuentran: ordenar orientación a los padres, tutores o guardadores; orientación, apoyo y seguimiento temporáneo al niño o adolescente y/o su familia; inscripción y asistencia a establecimiento oficial de educación; inclusión en programa oficial o comunitario de asistencia y apoyo al niño, al adolescente y a la familia;

32 Íbidem.

tratamiento médico, psicológico o psiquiátrico al niño o adolescente; exclusión provisoria del hogar al supuesto responsable de la situación prevista en el artículo noveno (descripto ut-supra). Todas las actuaciones prevencionales de las que surgieren medidas provisorias o permanentes deberán contar con la intervención del Asesor de Menores.

Los padres, tutores o guardadores estarán representados con asistencia letrada a fin de hacer valer sus derechos y podrán proponer todas las pruebas que hicieren a su interés; gozarán de asistencia gratuita en caso de no contar con la actuación de profesionales requeridos en forma particular.

Si de la denuncia e investigación realizada resultare que la situación de que se trata no encuadra en las situaciones contempladas en el mencionado artículo, el Juez cesará su intervención. De lo contrario, deberá realizar una investigación a fin de comprobar los hechos, que deberá cumplirse en el término de seis meses corridos pudiendo solicitar una prórroga a la Cámara de Menores por tres meses más.

Para la resolución definitiva el Juez, además de correr vista al Asesor de Menores, puede fijar una audiencia con los interesados y el Asesor de Menores para presentación de estudios, peritaciones, escritos con sus alegatos. Luego de ello el Juez dictará sentencia en el término de quince días. Si antes de esta sentencia el Tribunal estimare necesario ampliar las pruebas o receptar nuevas, ordenará por única vez las medidas a tal efecto; llamará posteriormente a nueva audiencia a las partes, procediendo como en la anterior.

Las medidas ordenadas subsistirán hasta tanto los factores originarios de la situación queden superados. El Juez solicitará al órgano de ejecución de las medidas informes periódicos sobre la situación integral del niño o adolescente. Si se verifica que los factores fueron superados, se archivarán las actuaciones.

La Ley 9.053 para referirse al Patronato del Estado lo hace como "protección judicial" y el Juez como representante del Estado debe restablecer los derechos esenciales que el niño, niña o adolescente tenga vulnerados, teniendo como premisa su interés superior.

Esta concepción refleja las diferencias fundamentales entre las legislaciones vigentes en el período comprendido en la investigación.

El Patronato de Menores ubicaba al niño/a y adolescente como un objeto, usando el término "menor", asociado a la figura de un infractor o de quien padece una situación de abandono –las que constituyen una situación irregular-. La Ley 9.053, en cambio, se refiere a niños, niñas y adolescentes considerándolos sujetos de derechos, susceptibles de atención integral y resguardo.

Contexto Político-social y crisis institucional Argentina[33]

El tramo final de la crisis

La crisis económica y social que se presentó desde 1998 fue el corolario de una década de políticas neoliberales que consolidaron una sociedad marcada por profundas inequidades.

Muchas de las medidas tomadas por el gobierno de Fernando De la Rúa durante el año 2001 fueron inconstitucionales y violatorias de los Derechos Humanos y profundizaron la crisis social. Tal el caso de la Ley 25.473 que, con el objeto de lograr "déficit cero", recortó en un 13 % los salarios del sector público y las remuneraciones de los jubilados y pensionados.

El 3 de Diciembre del 2001 mediante una resolución del Ministerio de Economía decidió retener en los bancos los depósitos de los ahorristas. Además, decretó un feriado bancario -que se extendió hasta los primeros días de enero-, limitando las extracciones de efectivo de los bancos, el cobro de cheques por ventanilla y todas las operatorias que superaran los 250 pesos semanales. De este modo, se obligó a todos los ciudadanos a una bancarización forzada, quitando la liquidez de dinero en efectivo del mercado.

Estas medidas, generaron una conmoción social debido a que el sistema bancario se vio colapsado ante la afluencia masiva de público -situación para la que no estaba preparado- y, además, provocaron el agravamiento de la crisis social, ya que al limitar abruptamente el dinero circulante paralizó la economía informal, aumentando el desempleo.

Por todos estos motivos, se produjo un estallido social que iniciado en pacíficos reclamos de comida desembocó en saqueos a supermercados y

[33] Informe del Colectivo de ONG's de Infancia y Adolescencia. *La situación en el cumplimiento de los Derechos de los niños, niñas y adolescentes en Argentina*, Escenario, desafíos y recomendaciones, Argentina, 2002.

comercios minoristas. Los reclamos populares incluían la renuncia del Ministro de Economía Domingo Cavallo, autor de estas reformas.

El gobierno, ante estos reclamos populares, respondió declarando el Estado de sitio. La ciudadanía se manifestó pacíficamente en contra de dicha medida y fue violentamente reprimida por la policía, arrojando un saldo de más de treinta muertos, quinientos heridos y miles de detenidos.

Ante esta crisis, y por la presión de la gente que manifestó pacíficamente con cacerolas en la mano pidiendo la renuncia de los gobernantes, el 19 de diciembre renunció el Ministro de Economía Domingo Cavallo y al día siguiente renunció el Presidente Fernando De la Rúa.

Sin vicepresidente que lo reemplace (Carlos Álvarez –del FrePaSo– había renunciado a los pocos meses de asumir su mandato), ocupó su lugar el presidente del Senado, Federico Ramón Puerta, convocando a una Asamblea Legislativa para elegir a un presidente interino que convoque a elecciones para concluir el mandato hasta el 2003.

De esta Asamblea surgió un nuevo presidente, representante del partido Justicialista, que tiene mayoría en ambas cámaras. El 23 de diciembre asumió la Presidencia de la Nación Adolfo Rodríguez Saa, de la Provincia de San Luis, quien estuvo en el poder menos de una semana. Por presiones internas del Partido Justicialista, y frente a los reclamos populares por la designación en el gabinete de funcionarios corruptos del gobierno de Menem, debió renunciar quedando nuevamente el gobierno en manos de otro Presidente provisional del Senado - ya que el anterior pidió licencia por problemas de salud.

Después de una ardua negociación entre los dos partidos mayoritarios, la Asamblea Legislativa designó como presidente el 1 de Enero del 2002, al ex gobernador de la provincia de Buenos Aires Eduardo Duhalde, quien había perdido las elecciones presidenciales frente a Fernando De la Rúa en 1999.

Durante todo ese tiempo se mantuvo el feriado cambiario, que fue levantado el 11 de enero de 2002 con la finalización de la paridad cambiaria un dólar, un peso característica del anterior período. El peso se devaluó y se fijó un dólar oficial a 1,40 pesos y un dólar paralelo que fluctuaría. En enero alcanzó los 2 pesos y en el mes de septiembre llegó a 3,50. Esta fuerte devaluación generó inflación en los precios, impactando muy fuertemente los productos de la canasta familiar.

Mientras tanto, en los primeros meses del año, los planes alimentarios no distribuyeron comida, la crisis social se agudizó y la incertidumbre frente al plan económico aumentó. Además, el gobierno cedió a las presiones del sistema financiero, que logró pesificar los depósitos en dólares de los ahorristas a 1,40 pesos negándoles la posibilidad de disponer de su dinero, los ahorros en dólares de miles de argentinos quedaron devaluados en pesos y encerrados en el "corralito" de los bancos.

Los grandes grupos económicos nacionales y extranjeros lograron la pesificación de sus deudas en dólares. Otros beneficiados con dicha medida son los licenciatarios de las empresas de servicios privatizadas quienes, disconformes con la pesificación de las tarifas de los servicios públicos, hoy reclaman aumentos que llegan hasta el 60%.

Mientras tanto los salarios de los trabajadores se encuentran congelados. La mayoría de las provincias está en cesación de pagos y los empleados públicos cobran con bonos provinciales que no son aceptados para pagos de impuestos nacionales y sólo para algunos servicios. De igual modo, la Nación emitió también un bono nacional LeCop, por lo tanto el país circulan, además del peso -moneda oficial- un bono nacional y varios bonos provinciales funcionando como "cuasi-monedas".

Por otra parte, los movimientos sociales que organizan a la ciudadanía, tanto el Movimiento de Trabajadores Desocupados, denominados "piqueteros", como las asambleas barriales, expresan un fuerte cuestionamiento popular a los políticos, reclamando la renovación total de los cargos representativos: la demanda popular *"que se vayan todos"* involucra en su cuestionamiento hasta la Suprema Corte de Justicia, acusada de falta de independencia respecto del Poder Ejecutivo.

Por todos estos motivos, la estabilidad del gobierno es muy frágil -se adelantaron las fechas de las elecciones para marzo de 2003. El país se encuentra frente a una crisis inaudita, los índices de pobreza y desocupación alcanzan niveles que plantean una emergencia social.

Desocupación y pobreza crecientes

Del informe proporcionado por el INDEC (Instituto Nacional de Estadísticas y Censos) en el año 2002, surge que el 53% de la población vive por debajo de la *"línea de pobreza"*[34], dado que el valor de la canasta básica de alimentos creció el 37,8% desde diciembre del año anterior. Es alarmante el crecimiento de la indigencia[35] que afecta al 24,8% de la población.

Con respecto a las cifras del desempleo el mismo estimó que mientras en octubre de 2001 alcanzaba el 18,3% llegó al 21,5% en las mediciones actuales, en grandes ciudades del interior llega al 25%, sumando a 3.000.000 de personas en todo el país. En el último año se destruyeron 750.000 puestos de trabajo. Entre los que no tienen empleo y los que obtienen trabajos sólo temporarios alcanzan 5.000.000 de personas. Con estos índices de desocupación era imposible revertir la situación de pobreza que atravesábamos.

---

34 El INDEC considera "pobre" a las familias de 5 personas que en mayo, con precios tomados en la Capital Federal y el Gran Buenos Aires, ganaban menos de $ 651 pesos por mes. Además, el costo de la canasta y los servicios básicos varía significativamente todos los meses, y los aumentos no son homogéneos en todas las regiones del país.

35 El INDEC, también estratifica aquella porción de personas que no pueden comprar una canasta superbásica de alimentos, bajo la denominación "indigentes" -la franja más pobre de los pobres -. Por canasta "superbásica" de alimentos se entiende una cantidad mínima de 27 productos que cubren los requerimientos calóricos y proteicos mensuales imprescindibles (6 kilos de pan, 7 kilos de papas, 6,3 kilos de carne, 8 litros de leche, hortalizas y frutas). El valor de esta canasta de indigencia para una familia tipo, fue de $284,32 pesos en el mes de mayo.

Capítulo 2

Breve descripción de la Situación de la Infancia en la Argentina.[1]

En nuestro país hay 12,5 millones de menores de 18 años. El 70% de ellos son pobres (8.600.000). Es decir, siete de cada diez chicos no cubren sus necesidades básicas. Más de la mitad de los niño/as que se encuentran debajo de la línea de pobreza son indigentes (4.400.000), en otras palabras, pueden alimentarse y su futuro está gravado por la desnutrición temprana que los convierte en una generación de hombres y mujeres mutilados.

En los últimos diez años la pobreza en las regiones más habitadas del país se incrementó en un 128%.

La única medida social de amplia cobertura lanzada por el gobierno para paliar la crisis es el Plan para Jefas y Jefes de Hogares Desocupados que consiste en un subsidio de $150 por mes que alcanza a un millón y medio de personas.[2]

En Argentina, más de la mitad de los niños y niñas menores de 10 años en las zonas urbanas de nuestro país viven en hogares vulnerables con deficiencias en la satisfacción de sus necesidades materiales (nutrición, abrigo, salud) y en la concreción de su proceso educativo-formativo. Estas situaciones se encuentran potenciadas como consecuencia de la discriminación de raza, de género, de etnias, etc.

Los niños/as y adolescentes que conviven en un medio social que los estigmatiza crecen con problemas en su autoestima, dificultades de aprendizaje y con índices de desarrollo humano insuficiente. Producto de una

---

[1] Aporte realizado a la investigación por el grupo de alumnas del Colegio Manuel Belgrano, quienes realizaron una pasantía por el Proyecto, conforme a un convenio entre la Universidad Nacional de Villa María y el colegio secundario. Docente a cargo: Elizabeth Abraham. Alumnas: Anahí Benavidez, Nahir Borga, Julieta Cavallo, Stefanía Fraire, y Marisa Warnier.

[2] Desde el Estado no se buscó atender prioritariamente a la infancia ya que el monto de este subsidio es invariable tanto para un hogar con un niño como con 10 niños. Recordamos que la canasta alimentaria de subsistencia es de $284 para una familia tipo. Por otra parte el beneficio del subsidio asiste solamente al 50% de los desempleados.

década de políticas de ajuste, la pobreza y la exclusión social creciente se han ido instalando fuertemente en la sociedad Argentina, conformando una estructura social segmentada.

Un porcentaje cada vez más pequeño posee empleos estables –y bien remunerados-, acceso a los bienes y servicios de salud y educación y un porcentaje cada vez más numeroso posee empleos precarios, o están desocupados, sus ingresos no alcanzan a satisfacer la canasta básica y tienen dificultades o no pueden acceder a los servicios de salud y educación.

El paulatino abandono del Estado de sus funciones terminó por conjugar, a partir del año 2000, una profunda crisis social y económica, que tiene una deuda con los más vulnerados. Esta acelerada extensión de situaciones de pobreza extrema afecta a la infancia argentina, a sus condiciones de vida y a sus posibilidades de desarrollo.

De acuerdo a información provista por *Save the Children Argentina*:

- Entre octubre del 2001 y octubre del 2002 ingresaron más de 7000 niños por día a la pobreza, tres de cada 4 cuatro niños nacidos en este intervalo lo hizo en un hogar pobre y cuatro de cada diez lo hizo en un hogar que no cubre sus necesidades alimentarias básicas.
- En febrero de 2003, tres de cada cuatro niños que nacieron en Argentina lo hicieron en hogares pobres.
- Del total de los menores de 18 años del país, un 23,3% eran indigentes en octubre de 2001. En octubre de 2002 el porcentaje trepa a 43,2% para ubicarse en el 44% en febrero de 2003.
- El contraste entre las diferentes regiones es muy notorio. En la Ciudad de Buenos Aires, los hogares con niños menores de 18 años que se encuentran por debajo de la línea de pobreza representan un 31%, mientras que en el Nordeste el porcentaje se eleva al 73%, seguido por la Provincia de Buenos Aires con un 71% y el Noroeste con el 68%.
- Hoy, casi 6 millones de niños y adolescentes se encuentran en la indigencia, esto significa que cuatro de cada diez niños viven en hogares que no logran acceder a una alimentación de subsistencia.

Al tiempo que estos procesos se registran en los sectores más desprotegidos de la Argentina, tendencias del mismo signo afectan a la estructura social en sus capas medias. Si muchos pobres pasan a ser indigentes, muchos miembros de la clase media pasan a ser pobres, lo que genera una mayor presión sobre las instituciones públicas –como la salud y la educación- y un aumento de las legítimas demandas orientadas a que el Estado asuma sus responsabilidades con la sociedad.

Según datos oficiales del INDEC, el 65% de los chicos argentinos son pobres. La exclusión y la fragmentación social los expone a la desnutrición, la droga, el trabajo y la prostitución. Carecen de las obligaciones básicas que brinda el Estado: educación y salud, y su principal vía de ingreso a la atención pública se produce por los internados de menores, o bajo tutela judicial. Estos niños sólo reciben la atención y contención necesaria sólo cuando ya son victimizados (abuso, prostitución, desnutrición, abandono escolar), aquí aparece el Estado.

En la Argentina hay 19.579 niños y niñas y jóvenes de hasta 21 años privados de libertad, aunque la cifra real se incrementaría entre un 25 y 40% ya que algunas provincias, como Córdoba, no se informa oficialmente sobre el número de chicos institucionalizados. Sin embargo, se reveló la existencia de un 87.1% de esta población está institucionalizada por causas de tipo asistencial, mientras que el 12.1% lo está por causas penales[3].

No obstante, la adhesión de Argentina a la convención de los derechos del niño, la niña y el adolescente y su inclusión en la Constitución en 1994, recién en Noviembre de 2005, el Congreso aprueba una ley de infancia acorde a la misma. La mayoría de las provincias realizan modificaciones eufemísticas, es decir, con un discurso de adhesión a la nueva legislación pero sin cambiar lo sustancial y sin crear los recursos y las instituciones que hagan viables esas transformaciones.[4]

El paradigma de la Protección Integral de la Infancia que se sustenta en la Convención Internacional de los Derechos del Niño es hoy el modelo prevaleciente en las concepciones de infancia, aunque todavía esté lejos de penetrar todas las prácticas sociales hacia la primera edad y menos aun las que se dirigen hacia los niños y adolescentes de sectores de bajos ingresos. Este paradigma realiza un cambio definitivo con el anterior al

[3] Estudio *Privados de libertad. Situación de niñas, niños y adolescentes en Argentina,* presentado en junio de 2006 por la Secretaría de Derechos Humanos y UNICEF.

[4] LATTANZI, L., y PIOTTI, M., *La politización de la niñez y la Adolescencia y el Trabajo Social,* Ponencia XXIV Congreso Nacional de Trabajo Social. Mendoza.

otorgar, a la comunidad adulta mundial, los Derechos a los niños/as después de 200 años de la declaración universal, de los Derechos del Hombre.

¿Cuál es el abordaje que se le da a la niñez en riesgo en los medios de prensa –*El Diario* y *Puntal Villa María*?

En el período 2000-2004 el objetivo de este sondeo fue describir como tratan los medios escritos, las noticias vinculada a la infancia en riesgo. La metodología empleada en esta observación constó de fichajes y entrevistas con los responsables de las ediciones y redacciones de los medios citados, ya que hubo inconvenientes para acceder a los diarios de la Hemeroteca de la Biblioteca Municipal y Popular Mariano Moreno.

Ambos diarios -*El Diario del centro del país* y el *Puntal Villa María*- coinciden en que la infancia en riesgo, durante el período solicitado, se reflejó con mayor intensidad –plena crisis de 2001- en noticias vinculadas a robos efectuados por menores, violencia familiar, el trabajo en las calles, casos de niños desnutridos en todo el país, entre otros.

Las noticias expuestas fueron de la situación a nivel país mientras que, en Villa María se incrementaron los pedidos de centros asistencialistas –como comedores, copas de leche, ayuda social en general- llevados adelante por particulares, también ayuda comunitaria para familias carentes o al borde de la indigencia, sobre todo en los barrios periféricos de la ciudad. Pero no se realizan análisis con especialistas ni seguimientos profundos de estas noticias ya que el formato diario hace referencia a las noticias del día a día y el objetivo es informar breve y precisamente al lector sobre el acontecer local, regional, nacional e internacional.

No obstante, cabe rescatar que el equipo de *El Diario* se encuentra más informado, no sólo sobre esta problemática sino a cerca de la crisis que atraviesan las diferentes instituciones sociales afectando todos los aspectos de la vida diaria de los argentinos. En este sentido, sus redactores tienen la libertad de agregar comentarios en los artículos no así de incorporar conclusiones ya que no son especialistas en la materia, y toda problemática social debe ser tratada con cuidado, conocimiento y objetividad. Sin embargo, las notas de opinión están abiertas a la participación del público en general y particularmente, para todos los profesionales que puedan aportar su visión, plantear posibilidades y conclusiones sobre temas específicos.

Política Social en el campo de la Familia y la Infancia en Villa María

De acuerdo a lo previsto en el diseño metodológico del proyecto de investigación, se realizaron entrevistas semiestructuradas a cinco informantes claves, referentes que diseñaron o ejecutaron las Políticas Sociales para la familia y la niñez desde el Municipio de la ciudad de Villa María.

Las fuentes primarias permitieron elaborar a modo de trayectoria, las propuestas municipales para la familia y la infancia en los períodos del intendente del Dr. Miguel Ángel Veglia (1987-1999. UCR) y de la intendencia del Dr. Eduardo Acastello (1999-2003. PJ).

Partimos de las funciones gubernamentales que se desarrollaron durante la gestión del Intendente Municipal Miguel Ángel Veglia, haciendo una mirada retrospectiva para poder luego recuperar el período de investigación estudiado y entender el origen, rupturas y continuidades en el campo de las políticas implementadas a nivel local.

Existió durante el período de gestión mencionado, la Secretaría de Desarrollo Social, cuyo objetivo principal es la implementación de acciones que atiendan integralmente a la Familia, reconociéndola como eje central de toda sociedad y núcleo social primario al cual hay que prestar atención integral (niños, jóvenes, adultos, ancianos, discapacitados, etc.), para protegerla, fortalecerla y así preservarla de la desintegración. Desde la Secretaría surgieron diferentes programas y proyectos que se diseñaron a partir de dos ejes temáticos: la prevención y la participación. Formaron parte de la Secretaría de Desarrollo Social, la Dirección De Familia, cuyas funciones son diseñar las políticas acordes a la situación de emergencia social de esos años en relación a las distintas áreas de abordaje determinadas como Servicios Sectoriales y Servicios Polivalentes.

Los Servicios Sectoriales son concebidos para atender a los problemas concretos, sean de carácter asistencial o preventivo y dan origen a Programas particulares como son los Centros de Apoyo al Niño y la Familia y el Hogar La Marietita.

En los Servicios Polivalentes se encuadraron los servicios particulares de la Dirección de Familia, dirigidos a atender necesidades urgentes tales como alimentación, mobiliario (camas, colchones, etc.), y las acciones profesionales que resultaban de la relación con otras dependencias municipales (Asistencia Publica, Centro de Asistencia a la Victima, Dirección de Seguridad Ciudadana, etc.) y también de la vinculación con otras instituciones del medio (Patronato de la Infancia, Escuela Granja, Juzgado de Menores, Residencia el "Gurisito").

Los objetivos específicos de esa Dirección de la Familia fueron:

- Coordinar acciones específicas en respuestas a problemáticas particulares que impliquen la intervención de diferentes dependencias municipales.
- Proporcionar asesoramiento y orientación de acuerdo a pautas establecidas por el Consejo del Menor de la Provincia (Ley 7010) a instituciones subsidiadas por este.
- Brindar colaboración para el cumplimiento de objetivos de instituciones dedicadas a menores, facilitando recursos.
- Concretar la mediación ante instituciones del medio, por usuarios que no se encuadran en requisitos establecidos por aquellas, para que sean aceptadas como excepción de acuerdo a la problemática que los afecta.
- Favorecer condiciones para las cuales los discapacitados puedan desarrollar sus capacidades, permitiendo su integración a la comunidad y promoviendo la mayor autonomía posible.
- Favorecer la permanencia de menores en un grupo familiar que le brinde contención y posibilidades para desarrollarse integralmente.

La Dirección de Familia contaba con un equipo técnico cuyo rol principal era brindar asesoramiento técnico al Director del área en los aspectos pedagógico, psicológico y social y el abordaje en forma integral a la problemática de la familia.

La Dirección de Familia dependiente de la Secretaria de Salud Pública y Desarrollo Social erige sus acciones a la administración de recursos profesionales y económicos en respuesta a problemas y necesidades concretas de la familia, especialmente en lo que respecta a asistencia y prevención en el ámbito de la niñez, adolescencia, adultez y ancianidad.

Los Centros de Apoyo al Niño y la Familia, encuadrados como servicios sectoriales, que comienzan a surgir en el año 1990, se ubican en la zona periférica de la ciudad: Barrio San Martín, Las Acacias, Roque Sáenz

Peña, Bello Horizonte, Las Playas y Los Olmos. Se incorporaron más tarde las Guarderías Sabattini y Ramón J. Cárcano.

El objetivo de estos centros era brindar apoyo y fortalecimiento a las familias de escasos recursos para prevenir problemas, ofreciendo un marco contenedor que permitiera el desarrollo normal del niño en sus diferentes etapas.

También llevaban como objetivo institucional atender las necesidades de la familia, estimular en el niño la formación de hábitos de trabajo, higiene y conducta, y brindar asistencia y alimentación en un clima de hogar para satisfacer sus necesidades básicas. Los Centros contaban con servicio de infraestructura y equipamiento, asistencia técnica y capacitación a los agentes efectores del programa, al mismo tiempo que con un equipo técnico conformado por maestras preescolares, psicopedagogas, asistentes sociales y psicólogas.

Los beneficiarios del Programa Centros de Apoyo al Niño y a la Familia, fueron niños de 45 días de vida hasta 5 años de edad, con sus familias.

El *Hogar Residencia La Marietita* fue un programa desarrollado mediante la coparticipación con el Gobierno de la Provincia de Córdoba. Fue un hogar de tránsito al servicio del Juzgado de Menores; los niños ingresaban y egresaban por orden judicial. Se trataba de menores en grave situación de riesgo, separados definitivamente o transitoriamente de su familia biológica.

Se trabajaba desde el equipo técnico con las familias de origen, los niños y el matrimonio a cargo de la organización y administración del Hogar. Si los niños tenían la posibilidad de ser adoptados, la tarea profesional se dirigía hacia los futuros padres adoptivos. El número máximo de niños de ambos sexos que podían ser recibidos oscilaba alrededor de diez niño/as entre 0 y 12 años de edad.

Los menores por disposición judicial eran retirados de su ámbito familiar por diferentes motivos, entre los cuales se puede mencionar: falta de vivienda adecuada, violencia familiar, abandono, falta de cuidados primarios (higiene, vestimenta, alimentación, etc.). Estos niños se encontraban en situación de "riesgo permanente".

Los familiares del niño podían contactarse con ellos una vez que ingresaban al hogar, siempre que se les otorgara el régimen de visitas por parte del equipo del Juzgado de Menores interviniente.

Se ofrecía asistencia técnica a los niños y las familias biológicas, terceros afectados y a la familia encargada del hogar, también ofrecía otros servicios como: alimentación, vestimenta, útiles escolares, medicamentos, atención médica integral, y cuidado transitorio de menores en riesgo o abandono.

Analizaremos también como acciones ejecutadas por la Dirección Familia, el *Sistema Municipal de Colocación Familiar*. El objetivo primordial de esta institución era lograr un espacio de características familiares para contención y cuidado transitorio de menores en grave situación de riesgo social. Cada familia sustituta podía albergar a no menos de tres niños. Estos hogares transitorios recibían a menores recién nacidos hasta 12 años de edad que ingresaban y egresaban por orden del Juzgado de Menores exclusivamente. Este proyecto no demandaba infraestructura específica, sino que funcionaba en los domicilios particulares de las familias que integran el sistema.

Otro programa que se ejecutó en este período de estudio como ente autárquico desde la Municipalidad de Villa María, era la *Escuela Granja Los Amigos*. Esta institución se crea mediante una ordenanza municipal, según la cual su funcionamiento sería supervisado por un directorio integrado por dos miembros del Poder Ejecutivo y dos miembros de la Asociación Civil El Faro. El objetivo de la escuela era la inserción social de adolescentes varones que habían quedado al margen del sistema educativo y productivo formal, a través de un proceso integral que comprendía actividades laborales y formativas con el acento puesto en la prevención.

El eje central de los talleres para jóvenes y adolescentes fue pensado como un espacio donde se realicen actividades solidarias y cooperativas donde los réditos económicos fueran repartidos igualitariamente. Es un espacio de contención, aprendizaje y laboral para menores varones en situación de riesgo social.

La escuela-granja prepara al adolescente en tres áreas:

a. Área Educativa: ciclos de enseñanza informal sobre temas que preocupan a los jóvenes y que los directivos de la escuela consideran importantes;

b. Área Laboral: incluye el Taller de Granja (cultivo a cielo abierto, cultivo bajo cubierta, pollo parrillero y taller de ponedoras) y el taller de ladrillos block; y

c. el Área Social: se ocupa de la relación entre el contexto vivencial del adolescente y el referente de la Escuela Granja, y de la evaluación a la incidencia de la institución en la vida de los alumnos.

A partir de numerosos indicadores de la realidad escolar que viven los niños y niñas en estado de riesgo social en el ámbito del sistema formal de enseñanza, el cual se caracterizaba por la dificultad para comprender y contener la problemática sociocultural de los educandos y sus familias en dificultades, se crea en la ciudad de Villa María la *escuela "La Granjita"*.

Esta institución surge como una alternativa educativa, laboral y de contención sociocultural, a través de modalidades no formales y no convencionales, a los niños, niñas y sus familias en estado de alto riesgo social.

La experiencia escolar formal en estos niños refuerza su sentimiento de incapacidad, fracaso e inseguridad, ya que aprenden, en definitiva, el rol subordinado que la sociedad excluyente les asigna, de esta manera, se genera un circuito de agresión y violencia desencadenando tempranamente la exclusión del sistema.

En un contexto de pobreza, desocupación, subempleo, precarización del empleo, hay niños trabajadores que frecuentan las aulas y se puede precisar que "hay escolares que también trabajan y niños que trabajan que también estudian", la diferencia se mide en las horas de trabajo diario.

A comienzos del año 2003 durante la intendencia de la Señora Nora Bedano (2003–2007), comienza a gestarse bajo la Secretaría de integración Comunitaria, un Programa para Niños y Adolescentes en Situación de Calle.

Durante los primeros seis meses de gestión, se llevó a cabo un censo a los fines de poder individualizar a la mayoría de los niños y adolescentes que se encontraban en situación de riesgo o vulnerabilidad.

El Programa ha comenzado a implementarse con una primera etapa de Relevamiento Diagnóstico de aproximadamente 90 niños a los efectos de conocer las condiciones laborales, las características socio-familiares, la situación educativa, etc., entre otros aspectos relevantes de la situación particular que presenta cada uno de los de los niños/as y adolescentes que realizan trabajo de calle.

Desde el programa se mantuvo a su vez, reuniones con los adolescentes a los efectos de relevar y ratificar sus expectativas e intereses, lo cual permitió delinear algunas alternativas de acción. Simultáneamente, se fue visitando a las familias y/o grupos de pertenencia, de cada uno de los niños/as y el adolescente, con el objetivo lograr un mayor grado de responsabilidad en la modificación de esta problemática.

Este programa creó la figura de los Operadores de Calle (cinco en total), cuya presencia es permanente a los fines de poder mantener un continuo relevamiento que permita identificar e individualizar nuevos casos.

Con la Juez de Menores Dra. Cecilia Fernández y en representación de la Policía Provincial Comisario Villafañe, se establecieron acuerdos a los fines de poder elaborar estrategias de trabajo, permitiendo aunar criterios a la hora de responder ante las necesidades que planteen los niños/adolescentes y sus familias.

El Programa *"Yo También"*, llevado a cabo por un Equipo Técnico conformado por un Trabajador Social y tres Psicopedagogas, se puso en ejecución el día 10 de mayo de 2004. Intenta dar continuidad a las acciones de la Escuela La Granjita, abarcando a la población de niños de 6 a 12 años que se encuentra en situación de vulnerabilidad social. Los niños beneficiarios de este Programa presentan carencias afectivas que obstaculizan su proceso de socialización, convivencia familiar y de aprendizaje; problemas de integración a partir de la realidad socioeconómica- familiar en riesgo; problemas de deserción del sistema educativo donde su integración se agudiza debido al desfasaje existente entre la edad cronológica y el grado en el cual deberían insertase; situaciones de riesgo a partir del desarrollo en la vía pública de actividades laborales destinadas a al supervivencia personal y como aporte al ingreso familiar. El programa se propuso utilizar los recursos de los mismos barrios (centros vecinales, clubes deportivos, iglesias, dispensarios, espacios verdes recreativos) en donde viven los niños.

Si bien el objetivo inicial del proyecto estuvo destinado a los niños que trabajaban en la calle (limpiavidrios, vendedores ambulantes, trabajadores en el mercado del abasto, cartoneros, etc.), las acciones se proyectan y amplían para todos los niños de los barrios periféricos.

Capítulo 3

Administración de Justicia de Menores. Análisis de Causas Asistenciales.

A partir del estudio de caso-expediente y de la construcción de la historia jurídico-institucional del menor, se describe y analiza la modalidad de intervención del área asistencial de un Juzgado de Menores, los motivos de intervención judicial y la población involucrada, la duración y etapas de los procedimientos y resolución judicial.

El análisis de estas categorías permite apreciar las dimensiones del problema subyacente, revelar el modo de abordaje institucional y ofrecer un panorama de las diferentes intervenciones jurídico-asistenciales que pueden incluir o no la participación del equipo técnico interdisciplinario. Esta intervención diferenciada está relacionada con el tipo de problemática de que se trate, el motivo, la vía de iniciación y el tiempo de duración de las causas.

El Juzgado en todas estas causas requiere la intervención del Equipo Técnico Interdisciplinario para lograr un acabado conocimiento del problema, y eventualmente la realización de tratamientos, los cuales no siempre se concretan, siendo sustituidos por la transmisión a nivel verbal de un conjunto de recomendaciones. Finalmente, se evalúa el cambio de conductas esperado, sustentado en las manifestaciones de los mismos implicados -padres y menores-, lo cual conduce a que el personal interviniente le sugiera al Juez que cese en su disposición sobre el menor de la causa.

El patronato estatal en la Argentina se sustenta en la tutela jurisdiccional efectiva, pero que la trasciende porque exige mucho más que la observancia de garantías jurídicas: hace a su naturaleza proteccional que comprenda las medidas más adecuadas con arreglo a las connotaciones del caso, y que se disponga de los recursos humanos y materiales apropiados para llevarlas a cabo de manera también efectiva, es decir con eficacia (que se cumplan) y con eficiencia (que alcancen su finalidad).1

1 GONZÁLES DEL SOLAR, J., *¿Patronato de Menores o Tutela jurisdiccional efectiva?* Exposi-

Aunque el régimen escogido sea el jurisdiccional, en la función tutelar del Estado se produce una concurrencia material de órganos, cada uno de ellos en la órbita de su propia incumbencia, a saber: el juez o tribunal, que ejerce la jurisdicción, y en tal carácter preside el ejercicio del patronato en cada caso, determinando las medidas de protección; el ministerio fiscal, que controla observancia de las normas de orden público, y en particular las de jurisdicción y competencia, y asimismo ejerce la pretensión punitiva cuando hace al caso; el ministerio pupilar, que integra la representación legal del justiciable menor de edad (agrega a la necesaria de padres o tutores la suya, que es promiscua), vela por el respeto a su interés superior, y eventualmente ejerce la pretensión que expresa un interés particular del niño (sin representantes necesarios, o con intereses contrapuestos) o su defensa; y el ente administrativo-tutelar, indispensable para que los anteriores puedan conocer la singularidad del caso, informarse de las vías de abordaje existentes, y obtener el cumplimiento de las que finalmente se ordenen en consecuencia.[2]

Dentro del marco de la ley del Patronato del Estado, los organismos de protección al menor, se conciben destinados a intervenir sólo a partir o desde la aparición del problema, de la existencia de riesgo, de la presunción del daño, de la exclusión del sistema. La protección integral, desde el Estado, ha trazado su política hacia quienes son víctimas de hecho y no hacia las víctimas potenciales.

Modalidad Procesal

Se analizaron diez expedientes de menores caratulados como Prevención de Menores. La totalidad de los expedientes sigue los procedimientos previstos en la Ley 9.053.

Los diez expedientes analizados involucran a catorce menores de edad, siete mujeres y ocho varones cuyas edades oscilan desde los 2 y los 19 años.

Los expedientes involucran una heterogeneidad de causas de diferente impacto en el proyecto y vida de los menores a saber:

---

ción en la Diplomatura "Los Derechos de los Niños y los Adolescentes", Universidad Nacional de Córdoba, 13 de mayo de 2005.

2 Íbidem.

a. Tres demandas por incumplimiento de asistencia familiar.

b. Tres demandas por "aparente situación de riesgo", "situación de riego" y "falta de cuidados".

c. Un denuncia de una adolescente por maltrato propiciado por su progenitor.

d. Una denuncia por abuso sexual reiterado.

e. Una fuga de domicilio.

f. Una solicitud de internación de menores por ausencia materna temporal.

Durante el proceso, interviene el Juez, el equipo técnico de tribunales y los equipos técnicos/profesionales de instituciones como el Centro de Asistencia a la Víctima del Delito, Escuelas, Guarderías y Acción Social de los municipios o comunas. En las causas que nos ocupan, se realizaron actuaciones que implicaron el contacto con el menor y su entorno, y que permitió la evaluación de la situación, culminando en un auto interlocutorio.

Estas actuaciones por causa, se orientaron a establecer contactos personales en audiencias, entre el juez y el menor y su grupo familiar para evaluar las relaciones internas. Se indagó, asimismo, sobre la opinión de terceras personas o allegados al núcleo familiar acerca de la situación por la que éstos atraviesan.

También las actuaciones se conformaron con la realización de evaluaciones y diagnósticos sobre el estado de salud psico-físico del menor; al mismo tiempo las actuaciones estuvieron abocadas a la realización de informes socio-ambientales y de concepto del menor, en su lugar de residencia.

Finalmente, la tercera etapa, de control y evolución de la causa es obviamente más prolongada. En este período, el tratamiento de las causas insume entre uno y cinco años, según la complejidad de la situación que involucra al menor.

El sistema de protección de menores opera mediante una modalidad procesal que podría caracterizarse a partir de la descripción de tres etapas:

1. quién o quiénes inician el procedimiento judicial,

2. los dispositivos jurídicos, tratamiento y estrategias desplegadas para el análisis y seguimiento del caso y
3. la resolución o culminación de la causa judicial inicial.

En cuanto a quien o quienes inician la actuación judicial, tenemos diferentes actores entre ellos:

a) Actuaciones iniciadas por los propios padres de los menores que solicitan protección del juzgado interviniente, cuando consideran que la situación con sus hijos no pueden ser manejadas con los recursos que poseen, buscan en el sistema judicial una respuesta a dimensiones coyunturales y estructurales que afectan a su propia familia.

Las diversas situaciones familiares están asociadas a modalidades diferentes de organización interna de la unidad familiar para la producción social y la reproducción de sus agentes, de división del trabajo entre los miembros, de distribución de los recursos, de relaciones de la unidad y de sus miembros con la sociedad. Es obvio que cada situación familiar y la consiguiente estrategia de vida que adopta para cumplir sus fines, determina diversas prioridades en cuanto a sus necesidades y puede ser afectada de manera diferente por los problemas ligados al subdesarrollo económico, social y cultural, al incremento demográfico acelerado y a la dificultad consiguiente de poder proporcionarse servicios sociales adecuados

> *... 26 Dic. 2003. Asesora de menores,..., "se dirige a SS para comunicarle que fue atendida la Sra. Esther A. domicilio en..., Villa María, progenitora de las menores C. A. 9 años y A. M, 4 años. La Sra. vive en concubinato con A. M. Por lo manifestado en la Asesoría Letrada surge que las mencionadas menores se encontrarían en situación de riesgo, en virtud de las conductas anormales y violentas desplegadas por el Sr. A. M., se resuelve solicitar a S.S. la intervención jurisdiccional en atención a lo dispuesto por los arts. 20 y 21 de la Ley 9053 a los fines que se arbitren las medidas tutelares que pudieren corresponder."*
> *Firma: asesora letrada*
> *... Dra.... –Asesora Letrada- comunica a Jueza de Menores, que por Art. 20 de ley 9053 escuchó a V. G., domiciliado en.... y a C. A. S, domiciliada en ... Expusieron la situación de los hijos A. (11 años), A. (8 años) y M. (5 años), quienes viven con la madre y respecto a quienes el progenitor denuncia "falta de cuidados".*
> *La Asesora letrada solicita intervención jurisdiccional para que SS tome medidas tutelares que pudieran corresponder.*
> *... Que el día 5 de Febrero del corriente año, la menor de autos, se fuga*

del domicilio que compartió con su madre Sra. C., habiendo realizado esta exposición por fuga el día 14 del corriente mes y año, no lo realizo antes, debido a que la dicente tenía conocimiento que su hija se encontraba en calle 9 de julio y Saavedra de la ciudad de Villa Nueva. Que al ir a buscarla en reiteradas oportunidades a ese domicilio, su hija le manifiesta que no quería regresar al hogar junto a ella, es por ella que la misma realiza la referida exposición días después de haber desaparecido, considerando la dicente que el lugar donde se encontraba no era el adecuado para V.

La institución judicial de menores tiene entre sus funciones ejercer mediación familiar ante relaciones conflictivas, confusas entre padres e hijos. Lo que estaría marcando que se interviene sobre las familias de los menores y sus relaciones vinculares, y no solo sobre el menor en cuestión. Para esta mediación, recurre a la intervención de profesionales tales como asistentes sociales, psicólogos, psicopedagogos y maestros, que son los mediadores *per se* entre las conflictivas familiares y el tribunal interviniente.

Abierto el Acto por SS y concedida la palabra a la Sra. B., la misma manifiesta que la niña L. de 4 años de edad, comenzó el año pasado en el mes de marzo a concurrir a la Guardería "Dr. A. Sabatini", pero lo hizo solamente por 15 días, debido a un daño psicológico que sufrió la menor por ver a su progenitor pegarle a la dicente al punto de haberle cortado toda la boca y romperle los dientes.
Que en esta oportunidad S. B. hizo la exposición con fecha 26 de Mayo de 2001 en la Comisaría de esta ciudad. Que luego de lo sucedido se escapó con la menor a la casa de su hermana, que vive en..., que permaneció allí durante un mes, luego regresa a su domicilio.
Expresa que ya la había golpeado varias veces, que es una persona muy violenta y cambiante. Que L. siente mucho miedo, que se atemoriza cuando su padre está nervioso. Que la menor de autos debido a este problema no se quería despegar de su madre...

También media ante conflictos surgidos en instituciones como la escuela pública, escenario donde la conflictividad social tiene materialización en la modalidad de relación entre pares adolescentes.

B. R. 43 años – soltera.

... Expone: tiene una hija A. L. R. 13 años, asiste al Colegio IPEM...
– que el día de ayer al salir de gimnasia, siendo aprox. las 16 hs., su hija fue agredida física y verbalmente por una compañera que va a

otro curso de nombre M. Q, que se domicilia en.... Y que estaba acompañada por otras dos más de edad mayor, aprox. 15 o 16 años

... Se inicia con Sumario de División Prevención y Derivación del Menor, Policía de la Provincia de Córdoba. Por denuncia de R. L. R. z, 29 años, casado con S. G. J. y padres de L., J., N., G. e I., debido a que algunos de estos hijos le contaron que B (12 años) y otro niño se masturbaban en presencia de algunos de ellos y que un joven de 18 años, vecino, que llaman C, invita a todos los chicos del barrio a ver películas pornográficas.

b) Las actuaciones son iniciadas también por técnicos-profesionales tales como asistentes sociales y maestros-directivos, agentes del Estado a los que llega la situación familiar por vía directa de las mismas familia, a modo de pedido de apoyo/orientación o por vía indirecta desde la observación de situaciones-problemas de difícil resolución por la propia familia.

El rápido crecimiento de las poblaciones urbanas, las malas condiciones de vivienda, la pobreza, la inestabilidad laboral, el desempleo, el subempleo crónico, la ausencia materna durante largas horas del hogar por motivos laborales, etc., son situaciones que tienen su efecto en las condiciones materiales de la familia y en sus relaciones internas, que a menudo determinan problemas en las coberturas de las necesidades materiales y psicológicas de los niños, transformándolos así en seres vulnerables no sólo en cuanto a su salud física, sino también en lo que concierne a su salud mental.

El ajuste económico ha impactado con mayor intensidad, por los recortes del gasto social, en las mujeres y en los niños, siendo éstos lo más perjudicados. Las políticas de ajuste han incrementado la inclusión de la mujer en el mercado laboral, debiendo trabajar fuera del hogar y quedando señaladas por su situación de pobres y por su condición de género (viéndose limitadas en sus posibilidades de conseguir trabajo). Por lo general, se ubican en empleos de muy baja remuneración, en el sector informal.

El aumento de la pobreza generó modificaciones en la vida familiar, incrementándose el número de hogares a cargo de mujeres como principal proveedora, siendo estas familias más vulnerables por la sobreexigencia, a la que se ven sometidas estas mujeres, de asumir un doble rol.

Asistente social: V.

Dra. Jueza C F:

Ref. Solicitud de alojamiento transitorio en Residencia infantil de los menores de edad.
Reseña Social: causa de ingreso del menor al Sistema Judicial.
Los menores M. y F. (de 11 y 12 años de edad, respectivamente) residen junto a su madre la Sra. S. L. con sus tres hermanos en una vivienda perteneciente a su abuelo paterno. El padre de los niños se encuentra cumpliendo una condena en la cárcel provincial de la ciudad de…, razón por la cual no puede contribuir a la economía familiar ni al cuidado de su familia. En todos los aspectos familiares y sociales.
Su condición de madre sola Jefa de Hogar torna a la situación de una mayor vulnerabilidad, siendo necesaria una permanente asistencia desde el municipio.

30 agosto 2004

Informe de la Dirección de Acción Social, Municipalidad…, AS S. P. y Lic. en TS S. Jara R. Dirigido a Juez de Menores "…ponemos en conocimiento la situación de 'alto riesgo' que atraviesa la menor G. C. DNI…, de 14 años de edad, domiciliada en…

La intervención judicial se realiza ante situaciones de desprotección social de menores cuando las redes sociales no existen o fallan, como fue en el trayecto que inician M y F.

…El motivo del presente informe persigue la finalidad de solicitar se autorice el albergue transitorio de ambos menores en la residencia infantil de la comunidad, dado que su madre se encuentra en el Hospital infantil municipal de la ciudad de Córdoba cuidando de su hijita menor, afectada por una seria enfermedad pulmonar. Desconocemos el tiempo en que deberá permanecer internada, y careciendo de vecinos, parientes o amigos e incluso instituciones que pudieran afrontar el cuidado de M y F...

El sistema judicial es el mediador natural ante demandas por el cumplimiento de los deberes y obligaciones de los progenitores hacia menores. Este es otro indicador del desmembramiento social, que impacta en las relaciones de pareja, quedando los niños expuestos a situación de vulnerabilidad social.

…Se inicia por denuncia efectuada por P. S., en Fiscalía 2° Turno el…
Acta: Denuncia que desde 1993 hasta 1996 vivió en pareja con P., que tiene un hijo de esa unión: T. J., de 5 años. En 1996 se separaron y el niño quedó con ella; el padre lo veía y aportaba dinero.
En 1998 dejó de "cumplir económicamente" y dejó de verlo. Ella intentó llegar a un acuerdo por Asesoría Letrada y no obtuvo respuesta

por parte de su pareja. Luego realizaron un acuerdo privado, con una cuota pactada la cual cumplió. Que en la actualidad adeuda 2 meses, que ella vive en la casa de la abuela quien le ayuda y se encuentra desocupada…

… En la ciudad de Villa María, a los 07 días del mes de septiembre del dos mil, compareció ante el Sr. Fiscal de instrucción, Dr. G E A y secretario autorizante, como esta fiscalía, por lo que el Sr. Fiscal ordena se respete la misma de conformidad a lo dispuesto por el artículo 319 del código penal impuesto el compareciente de lo previsto por el art. 318 del cuerpo legal citado y 275 del c.p. interrogado por su nombre, apellido y demás condiciones personales, dijo llamarse P. S. argentina, 25 años de edad, separada de hecho, DNI. … domiciliada en… ., de esta ciudad, denuncia que hace aproximadamente tres años aproximadamente se separo de su esposo A. P. el cual se domicilia en calle…
De dicha unión nacieron 3 hijos, F. de seis años, K. de 5 años, y E. de 4 años de edad. Que el 29 de junio del año 1999 se firmo un convenio en Asesoría Letrada de esta sede donde se acordó la cuota alimentaria por el importe de $120, más la vestimenta y alimentos de los menores. Que nunca cumplió con el acuerdo establecido, en ningún aspecto, ni siquiera con la vestimenta o alimentos. Como así tampoco visito, ni visita actualmente a sus hijos.

c) Los propios menores "solicitan protección"

… 14 Nov. 2003 ingreso mediante exposición por parte de A. C. arg. 19 años, fecha Nac. 28/01/1984 en… ., soltera, empleada, con instrucción, domicilio… . Hija de M. C. (v) Y A. B. (f). Exposición realizada en Dalmacio Vélez, Dpto. tercero arriba Pcia. de Cba., ante el Funcionario Policial Of. Inspector Guillermo Tapia.
A. C. manifiesta que "hace 3 años que falleció su progenitora y a partir de ese momento comenzó a recibir todo tipo de maltrato verbal y físico de parte de su progenitor M. C. quien en febrero de 2003 se unió en concubinato con N. S. comenzando más problemas con su progenitor al respecto…

Estas actuaciones iniciales que son ajenas a la intervención del Juez y sustanciadas por personal policial, se relaciona con la vía de iniciación de la causa. Esta etapa de actuaciones prevista en la legislación, es en su totalidad realizada por personal policial cuando sobre ellos recae el primer contacto con el problema o cuando las causas se inician mediante una denuncia.

Dicha etapa contiene como actuaciones esenciales: la instrucción sumarial (declaraciones indagatorias), certificaciones de identidad, actas de constatación y/o informes ambientales o de solvencia, como también informes médicos, psicológicos, orden de captura u otro tipo de actuaciones específicas asociadas al motivo de intervención. Paralelamente, se eleva comunicación informando al Juez de la situación detectada. Finalizadas las actuaciones señaladas, se eleva la causa al juzgado.

d) Los vecinos como "observadores" de la conducta de los menores....

> *... Recurrentes episodios de mala conducta y violencia dentro de la escuela a la que asisten los menores, como así también una notoria falta de atención y límites claros por parte de la madre, han derivado en denuncias por parte de los vecinos de la comunidad.*
>
> *... El pasado jueves 01 de mayo la asistente social recibió un llamado de una vecina que le solicitaba fuera a ver los menores... que salen a pedir, según ellos mandados por la madre; los mismos llamados se sucedieron dos días posteriores, la asistente social los localizó efectivamente pidiendo y los acompañó a su casa. ...*
>
> *... Otra vecina comento que M. ha intentado ingresar en domicilios particulares o ha realizado daños en viviendas cuando se le negó la entrega de monedas.*
>
> *... "La Sra. C. G, se presenta en servicio de acción social a los fines de poner en conocimiento que la menor C. G. vecina de su domicilio, acudió a ella solicitando ayuda por estar atravesando situación de abuso por parte de su progenitor... "*

La segunda etapa del procedimiento puede definirse como procesal y de diagnóstico, durante la misma el juez establece contacto con el menor y su entorno, a través de audiencias con el niño y sus padres, y mediante la solicitud de realización de informes médicos, psicológicos y socio-ambientales. Estos, en la mayoría de las causas, son realizados por personal técnico de Tribunales.

> *29 diciembre de 2003.*
>
> *Se solicita se citen a audiencia para el 05/01/04 a las menores de autos junto a los Sres. Ester A. y Adolfo M., con abogado patrocinante. Dar intervención al Ministerio Pupilar. Firma: jueza correccional sustituta*
>
> *...Villa María, 23 de Junio de 2003. En consideración de lo infor-*

mado por el Centro de Apoyo al Niño y la Familia "Dr. A. Sabatini", precedentemente del cual se desprende que la menor L. S. , se encontraría en situación de Riesgo, abocase la suscripta al conocimiento de la presente causa (Art. 9 inciso A y B, Art 21 Ley 9053) , emplácese a los progenitores de la menor de autos, junto a esta a fin de que comparezcan en este Tribunal en el termino de 48 horas para conocer y oír en forma directa y personal a los mismos (Art. 22 de la Ley 9053). Munidos del Acta de Nacimiento de la referida menor. Notifíquese. ....

31/03/2004 Acta de audiencia.

Concurren O. C. y S. S. con su hijo B. C., con patrocinio de Dr. M S. Informan domicilio en....
Los padres dicen que sobre los hechos que dieron lugar a la intervención supieron por comentarios de los vecinos, niegan que su hijo cometiese algún "acto indebido", pues hablaron con él y les dijo que jamás tuvo una actitud "indebida" y que nunca notaron ninguna conducta rara en él, que suele juntarse a jugar con los otros niños mencionados en autos pero que siempre los "dicentes" controlan los horarios de su hijo.
El año anterior terminó estudios en el Instituto Mariano Moreno sin problema alguno y que inició el secundario en Instituto Manuel Belgrano, con buen comportamiento.
"Toma la palabra B" dice que conoce a los "menores" mencionados porque en algunas ocasiones suele juntarse a jugar un rato pero niega haber participado en las conductas que se mencionan en autos. Se da por finalizado el acto.

El seguimiento de las causas abiertas se traslada a las instituciones específicas de intervención según la problemática familiar que afecte al menor, mostrando cómo las instituciones especializadas se convierten en el contralor de los tratamientos previstos para cada situación. Estas instituciones estatales como la escuela, el centro de salud, el municipio, son los escenarios donde se interviene sobre las dimensiones de producción y reproducción social de las familias y se convierten según lo establece la Ley de minoridad, en el brazo que articula con el sistema judicial, elabora diagnósticos y propone tratamientos y también los sostienen.

C. mantiene contacto permanente con los niños, tanto con la "menor" que está con el padre como con A. y A. Todos los días se presenta en la Escuela Dr. Bianco para hablar con la psicopedagoga e interiorizarse sobre estos hijos. Ambos "menores" están con apoyo escolar y A. con apoyo psicológico. A. y A. asisten al Centro de Asistencia a la Víctima

de Villa María "... en razón de que hace 5 años aproximadamente habían sido abusados por una prima, siendo atendidos por la Lic. . Que no obstante lo manifestado precedentemente los niños están bien". La madre de C. S. también asiste al Centro de Asistencia a la Víctima y está de acuerdo en hacerse cargo de sus nietos A. y A. "ya que siempre vivieron junto a ellos y les puede dar debida contención".
15/10/04... Luego de haber corrido vista al Ministerio Pupilar se requiere ampliar la encuesta socio ambiental para lo cual se librará oficio a la "Subsecretaría de Protección Integral del Niño y el Adolescente"; además que la psicopedagoga del Equipo Técnico del Poder Judicial "se constituya en las instituciones educativas donde concurren los niños para recabar datos"; también informe a Lic. F del Centro de Asistencia a la Víctima sobre tratamiento que están realizando A. y A...

Este período procesal permite avanzar en el conocimiento de la situación y efectuar evaluaciones que culminan en una resolución mediante auto interlocutorio que establece la situación legal del menor, su destino y la modalidad de la prestación posterior de la institución.

Esto significa que, respecto del menor, la resolución adoptada puede implicar desde la decisión de dar por finalizadas las actuaciones, por tratarse de situaciones que están fuera de la competencia del Tribunal, o no disponer porque se evalúa que se encuentra moral y materialmente amparado.

El Juez puede, asimismo, disponer provisoriamente y dejarlo bajo el cuidado y responsabilidad paternas o bien delegarlo bajo la guarda de terceros o internarlo en instituciones. Estas últimas situaciones suponen el alejamiento del menor del hogar paterno y su alojamiento de manera transitoria y por tiempo indefinido, en otro hogar o en institutos.

Del corpus de causas analizadas, sólo en una situación se dispuso la internación de los menores a sugerencia de la asistente social interviniente por ausencia de redes familiares, vecinales o sociales que contuvieran a los menores en ausencia de su progenitora.

c) Desde el punto de vista procesal estas resoluciones inauguran una tercera etapa que consiste en el control de la evolución del caso y de las prestaciones asistenciales, mediante la solicitud de informes ambientales sobre el núcleo familiar, informes médicos, psicológicos del menor, y/o informes trimestrales de la situación de los menores institucionalizados, controles de gastos en caso de habérseles otorgado subsidios de ayuda económica transitoria, etc.

17 diciembre de 2003

> *Informe de la directora de la escuela Fray Luis Beltrán, sobre la menor A. a C., dando respuesta al pedido del tribunal. Este informe dice: ... "alumna ha presentado muchos cambios durante el ciclo lectivo 2003. Al comienzo de clases mostraba más interés, dedicación, responsabilidad, esfuerzo por superarse, pero con el transcurso de los meses fue perdiendo todos estos aspectos manifestando desgano, deseos de llamar la atención y necesidad de afecto y protección. En algunas oportunidades se aislaba del grupo de compañeros, teniendo roces con ellos, lo que no sucedió años anteriores (que concurre desde jardín)... requiriendo la presencia de la docente como apoyo constante para realizar las tareas,... si no se hacían en clase quedaban incompletas.*
> *Durante el viaje de estudios... se mostró alegre, participativa, independiente y solidaria con docentes y compañeros.*
> *Durante el año escolar asistió a las reuniones su hermana G. de 15 años, quien retiró los informes de progreso escolar; a ella se le informaba sobre la marcha del aprendizaje".*
>
> *.... Informe Psicopedagógico.*
> *Informa:*
> *Que la menor M. Q. asiste a 1° año "D" – turno mañana.*
> *Que a la fecha tiene 15 amonestaciones:*
> *3 /8/2004 por pelear con una compañera en la vía pública.*
> *27/8/2004 por no trabajar, gritar y alterar el orden en el aula.*
> *19/10/2004 por agresión verbal a una compañera a la hora de salir del colegio.*
> *Tiene buena relación con sus compañeras, comparte con la alumna R. solamente la hora de Educación Física.*
> *Como consecuencia de tener una prevención en Tribunales ha cambiado su conducta.*
> *Este año se encuentra repitiendo 1° año, tiene 23 faltas justificadas.*
> *Con respecto al área pedagógica, tiene 3 materias sin eximir. Su aseo es impecable*

Este período ofrece como conclusión la resolución definitiva de la causa mediante sentencia, en la cual el Juez cesa definitivamente en la disposición del menor y en las restricciones legales, porque: se hubiesen superado las causas que originaron su intervención; los menores hubieran alcanzado la mayoría de edad: se hubiesen emancipado por matrimonio, o como ocurre en algunas causas, porque se ha perdido la posibilidad de ubicar el paradero de los mismos.

A modo de Conclusiones

Partimos de considerar la cuestión de la infancia como un *analizador* de varias cuestiones. En primer lugar, como un analizador de las transformaciones materiales y simbólicas que se produjeron en la Argentina en las últimas décadas. En segundo lugar, como un analizador de nuevos tipos de lazos intergeneracionales que se configuraron en un contexto que ha combinado procesos de globalización, ajuste estructural y aumento de la pobreza. En tercer lugar, como un analizador de los efectos de las culturas políticas e institucionales sobre los horizontes futuros de los niños que nacen en nuestro territorio. En cuarto lugar, como un analizador de los avatares y de los desafíos de la educación de las nuevas generaciones en el país que hoy combina viejos ideales igualitarios y nuevas restricciones y distinciones culturales. Por último, como un analizador de los imaginarios confrontados de distintos sectores sobre el futuro del país.

Desde estas hipótesis, queremos destacar que la pregunta por la infancia permite analizar tanto la relación entre adultos y niños, las formas de institución de la infancia en tanto categoría social en contextos cambiantes y complejos como el actual, como también las formas de *reproducción* humana de la sociedad argentina. Es decir, las formas de filiación anteriores y nuevas, las formas de reconocimiento de las cadenas generacionales, y las fracturas profundas que se están produciendo en el tejido social del país. Nos interesa analizar la construcción de la relación entre adultos y niños representada desde distintas miradas, al mismo tiempo que producir interpretaciones generales sobre la cuestión de la infancia, inscribiéndola en una reflexión más amplia respecto de las formas de reproducción humana de la sociedad argentina.

La cuestión de la infancia constituye un analizador del nuevo tipo de *lazos intergeneracionales* que se han configurado en una trama de crisis de la relación entre Estado, escuela y sociedad y de nuevas posiciones de los adultos.

Otro emergente clave de estas décadas lo constituye la explosión de *conflictos específicos* en la relación entre las generaciones, es decir en la relación entre adultos y niños. Si bien estos conflictos son considerados prototípicos de un ciclo histórico caracterizado a nivel mundial por la tan mentada crisis de autoridad, por los efectos del corrimiento hacia modalidades más permisivas de crianza y educación.

En el caso argentino esto se ha combinado con los efectos residuales de la dictadura militar, con la ruptura del lazo social (que debe ser analizado teniendo en cuenta el impacto de la cuestión socio-económica sobre las edades) producto del deterioro económico y del corrimiento del Estado, y con las transformaciones culturales aceleradas de estas últimas décadas. Se produjo el pasaje del estado represivo al estado desertor.

Los menores fueron los sujetos por los que se creó el sistema tutelar especial. El sistema tutelar posee un fuerte posicionamiento político e ideológico materializado en las prácticas y representaciones de sus actores sociales que van a delinear la vida de las familias y de los niños dentro de ellas.

El sistema tutelar se exhibe como un manifiesto espacio social de poder.

La historia de los menores en ese espacio social se pierde, bifurca y renace en cada decisión de la intervención tutelar.

Cada expediente da cuenta de una historia diferente. Cada documento es un niño, un proyecto, un destino.

Bibliografia

ANTONINI, Pablo, "El reino del revés. Origen y esencia del Patronato", Revista *La Pulseada,* Buenos Aires, Julio 2003, [en línea] Dirección URL: www.lapulseada.com.ar

CARRANZA, Jorge Luis, *Temas del derecho prevencional de menores,* Alveroni, Córdoba, Diciembre de 2000.

CARRANZA, Jorge Luis, *Temas del derecho prevencional de menores III,* Alveroni, Córdoba, 2006.

CIAFARDO, E, "Los niños en la ciudad de Buenos Aires (1890/1910)". Centro Editor de América Latina. Buenos Aires. 1992. Citado por COHEN IMACH DE PAROLO, Silvina en: *Infancia y niñez en los escenarios de la posmodernidad.* Ponencia presentada en el IV Congreso Argentino de Salud Mental 2009-Buenos Aires. [En línea] Dirección URL: http://www.psicocent.com.ar

DEMARÍA, Viviana y FIGUEROA, José. "10.903: La Ley maldita". [En línea] Dirección URL: www.pensamientopenal.com.ar

DI NATALE, Paola; SALVADORES, Ana Silvia; NAJLE, Yamile Eugenia. "Mediación con jóvenes infractores a la ley penal: una alternativa para la pacificación social", Ponencia presentada en el XV Congreso Latinoamericano, VII Iberoamericano y XI Nacional de Derecho Penal y Criminología, Universidad Nacional de Córdoba, Córdoba, 2003

GABRIELE, Orlando. *Normativa de la Familia y la Minoridad,* Alveroni, Córdoba, Julio de 2006.

GARCÍA MENDÉZ, Emilio. "Niño abandonado, niño delincuente". *Revista Nueva Sociedad* N° 12. Caracas, Venezuela, marzo-abril, 1991. Citado en Curso de Educación a distancia: "Trabajo Social y Educación Popular con Niños". Módulo I. CELATS.

GOCIOL, Judith. "El largo camino de Billiken". *El Monitor de la Educación. Nº 10.* Publicación del Ministerio de Educación. Presidencia de la Nación, [En línea] dirección URL: www.me.gov.ar/monitor/nro10/ medios.htm

LACOMBE, Eliana. "El camino de las leyes de minoridad en Argentina y en Córdoba". *La Luciérnaga* N° 57, Córdoba, julio 2002.

LUNA, Félix. *Breve historia de los argentinos,* Planeta, 11° Edición. Buenos Aires, 2003.

PIOTTI, María Lidia y LATTANZI, María Leonor, "La politización de la niñez y la adolescencia y el Trabajo". Ponencia presentada en el XXIV Congreso Nacional de Trabajo Social (FAAPSS), Mendoza, 2008.

SANTOS BALANDRO, Rubén, "El Interés Superior del Menor en el Derecho Internacional Privado", Artículo publicado por *ASAPMI (Asociación Argentina de Prevención del Maltrato Infanto Juvenil),* [en línea] Dirección URL: www.asapmi.org.ar

VALLE, María Eugenia. "La internación no soluciona el problema de los chicos". Entrevista. *Revista Art. 0.* Publicación de Universidad Solidaria. Año IX, N° 28, junio 2008.

FUENTES CONSULTADAS

Estatuto de la Minoridad. Patronato de Menores. Ley Nacional N°10.903. Régimen Provincial. Ley Provincial N° 4873". Editorial La Cañada. Córdoba.

Ley 9053. Protección judicial del niño y el adolescente". Publicación de la Dirección de Atención Integral del niño y adolescente en conflicto con la ley penal. Secretaría de Justicia. Gobierno de Córdoba. Año 2002.

Printed by Books on Demand GmbH, Norderstedt / Germany